In diesem Buch stelle ich Tänze vor, die erwecken und befreien können. Natürlich bist du für dich alleine verantwortlich. Gehe immer nur so weit, wie du es willst. Deine eigene innere Stimme wird dich leiten.

Tanze und heile dich!

Praxisbuch für Frauen

ULRA
Ulrike Eichmann

Bibliographische Information der deutschen Bibliothek:
Die Deutsche Bibliothek verzeichnet diese Publikation
in der Deutschen Nationalbiografie; detaillierte
bibliographische Daten sind im Internet über
http://dnb.ddb.de abrufbar.

Herstellung: Books on Demand GmbH, Norderstedt
Hünfeld, 2003
ISBN-Nr.: 3-8330-0082-1

Inhaltsverzeichnis

Allen meinen Helfern und Verwandten, meinen Freunden und Freundinnen und allen Mittänzerinnen danke ich recht herzlich für ihr liebevolles Mitwirken an der Entstehung dieses Buches.

Vorwort

Dieses Buch schreibe ich, weil ich es immer schon gesucht habe.
Während meiner langjährigen Tätigkeit als Kursleiterin für orientalischen Tanz und Ausdruckstanz war ich immer auf de Suche nach Tanzformen, die in einfacher Weise Beweglichkeit und Ausdruck schulen, heilen und dabei spirituelle Aspekte nicht außer acht lassen.
In den alten Traditionen der Völker erscheint Tanz meist in einem religiösen Kontext. Der Ritus der Anbetung, Danksagung und Beschwörung ist dabei ein fester Bestanteil. Das mag daher kommen, das beim Tanzen das normale Alltagsbewusstsein leichter ausgeschaltet wird und durch das „im hier und jetzt" bewegen Energien freigesetzt werden, die den Zugang zur geistigen Welt erleichtern. Dies schafft nicht nur ein Gefühl der Verbundenheit mit Allem, sondern schenkt auch eine gewisse Klarheit und Leichtigkeit. „Nach dem Tanzen sieht die Welt ganz anders aus".
Doch wo sind unsere eigenen religiösen Traditionen im Tanz? Überreste sind gewiss vorhanden, wie der Tanz um den Maibaum und der Kirmestanz, jedoch meist in weniger ekstatischer Form.
Unsere Tanzkultur setzt sich heute aus überlieferten Tanzformen verschiedenster Kulturen zusammen. Meist bestehen diese aus dem Einüben von Schritt- und Bewegungsfolgen, aus festgelegten Elementen, die durchaus kreativ gestaltet werden können, aber den Rahmen nicht sprengen dürfen. Daneben erscheinen

immer wieder belebende Impulse aus der neuen Tanzszene. Das gesellschaftlich gängigste Tanzereignis ist aber wohl die Disco. Nun ist das Tanzen auf engstem Raum zu überlauter Musik, zu spätester Stunde und ohne verbindende Kontakte zu den MittänzerInnen nicht immer sehr inspirierend.
Welche Tänze lassen Freiheit für eigenen Ausdruck und beleben Körper, Seele und Geist und heilen uns? Gibt es grenzüberschreitende Rituale, die ethnische Besonderheiten außer Acht lassen? Auf der Suche danach begab ich mich auf eine Reise, die durch die Vielfalt von Überliefertem zurückführte zu den Wurzeln. Zu den Wurzeln, die wir alle haben. Erde, Feuer, Wasser, Luft, die Farben, Schmerz und Freude, Angst und Vertrauen, Spannung und Erlösung.
Der tanzende Umgang mit diesen Themen hat mich und viele meiner Mittänzerinnen belehrt, beflügelt, erfreut, verbunden, lebendiger gemacht und geheilt.
Um die Beweglichkeit unseres Körpers zu fördern und Blockaden aufzulösen, sind die Grundtechniken des orientalischen Tanzes für Frauen überaus hilfreich. Ähnliche Bewegungen finden wir auch in den Tanzkulturen anderer Völker.
Um das Üben spielerischer und lustvoller zu gestalten, arbeite ich viel mit inneren und äußeren Bildern. Logisches Denken wird dadurch unnötig, was die Hingabe an die Bewegung erleichtert.
In diesem Buch stelle ich Wege vor, die den Zugang zum Tanzen erleichtern und gesund machen.
Möge Tanz uns erfreuen und heilen,

aufwecken und befreien,
begeistern und beflügeln.
Begeben wir uns
Auf den Weg ...

„Auf dem Weg“

1. Tanzen befreit

Ein Weg zum Tanzen

Bevor ich zu tanzen begann, trug ich meinen Körper „mit mir herum" und versuchte , ihn möglichst schön zu kleiden. Körpergefühl und inneres Erleben waren mir fremd. In den Momenten, wo ich Sexualität erlebte, glaubte ich eine Ahnung davon zu erlangen, wie es sein kann, lustvoll im eigenen Körper zu wohnen.
Starre, angelernte Verhaltensregeln, Minderwertigkeitsgefühle (mein Körper ist nicht schön) und mangelnder Mut hinderten mich daran, etwas zu verändern.
Ich betrachtete lange das Leben in der wilden Natur. Da war pralles, orgiastisches Leben. Das Spiel des Feuers und des Windes, das Wasser und die Steine, die Früchte, Farben und Gerüche! Oft fühlte ich mich armselig abgeschnitten von all dieser Fülle, dieser unbändigen Lebensfreude, diesem pulsierenden Rhythmus. Ich wohnte nicht in meinem Körper, war nicht zu Hause, um dort zu erleben, was erlebt hätte werden können.
Die Trübsal, in die mich das brachte war der Anstoß dafür, den Stimmen in mir zu lauschen, die mir neue Wege wiesen.
Was wollte ich eigentlich?

Ich wollte freier werden, ungezwungener, das Leben sinnlich erfahren, tiefer erleben.
Ich wusste, dass ich tanzen wollte, für mich alleine und mit anderen.
Nachdem ich die einfachsten Grundbewegungen des Bauchtanzes kennen gelernt hatte, begann ich, wenn irgend möglich täglich zu tanzen. Mich nach Musik freudvoll zu bewegen, gab mir Sicherheit. Durch die runden Beckenbewegungen wirkte ich geschmeidiger. Ich sah es im Spiegel! Ich fühlte es! Im Tanz war ich ein anderer Mensch.
Früher hatte ich oft Probleme wegen meines kräftigen Hinterteils. Freche Bemerkungen von Männern verstärkten dies noch. Spürte ich Blicke auf meinen Pobacken, zog ich sie ein. Keiner sollte sie sehen.
Nun aber, nachdem ich mein Becken begonnen hatte zu bewegen, zu beachten, ja zu mögen, vielleicht sogar zu lieben, konnte ich – was vorher unglaublich schien – den Po dem unflätigen Betrachter sogar dreist entgegenstrecken.
Ich begann, meine Stärke und Kraft zu lieben. Der Umgang mit meinem Körper ließ mich mir selbst bewusster werden. Selbstbewusstsein entstand.
So wurde es mir möglich, aus einer ängstlichen zu einer starken Frau zu werden.
Ähnliches kann ich bei vielen Frauen beobachten, die mich seit Jahren in unseren Tanzstunden begleiten.
Tanzen, wenn es von Innen kommt, gibt Selbstbewusstsein. Es stärkt die eigene Kraft, heilt alte Wunden gibt einen Schuss mehr Vertrauen in uns selbst

und erweckt die Lebensgeister. Bewegung wird als lustvoll und nicht als anstrengend erlebt. Das steckt an! Es kann auch viele andere Punkte in unserem Leben berühren. Die Erlebniswelt wird tiefer. Der Körper formt sich um im Tanz. Er wird geschmeidiger und beweglicher, so dass eine harmonische Anmut entsteht. Jede Frau kann tiefgreifende Veränderungen erleben, wenn sie tanzt. Jede geht dabei *ihren* Weg und erweckt sich dadurch selbst!

Den Himmel auf die Erde bringen

Wenn ich tanze ...
mich drehe ...
Sterne wirbeln empor
und streuen sich
in den Himmel.

Wenn ich tanze ...
mich drehe ...
Der Staub zu meinen Füßen
umwirbelt mich,
trägt mich,
flüstert mir zu –

Komm, küss mich, Sternenvogel
und grüße alle Wesen,
die sich jetzt mit mir freuen!

Ein Tanz,
ein Reigen
der Lichterfunken,
die den Himmel bewohnen.

Beim Tanzen können wir einfach *sein* wie wir sind. Vergessen wir, immer schön oder gar richtig zu tanzen. Es gibt Bewegungen, die technisch und ästhetisch hundertprozentig sitzen, jedoch trotzdem leer und hohl wirken. Und es gibt einfache Bewegungen, frei getanzt, die beGeistern. Und dieser Geist ist es, der dem Tanz Charisma einhaucht.
Diesen Geist kann man mit vielen Namen nennen, tatsächlich inspiriert er alles Leben und jede Form. Sind wir be-geistert, und zwar echt, so erschafft das eine ungeheure Ausstrahlungskraft und Schönheit. Der Geist, die Idee, die Intuition wird von uns empfangen und durch unseren Körper auf die Erde gebracht.
Tanz verbindet Ton und Bewegung, Geist und Materie. Innerste Regungen können in differenziertester Form nach außen treten und ausgedrückt werden.
Immer neue Gesten, Blicke, Sinnbilder, Stimmungen und Aussagen tun sich auf, eine bezaubernde Vielfalt unendlicher Möglichkeiten.
Sieht man die ewigen Kreisläufe der Gestirne, Atome und Organe, des Windes und des Wassers, kann man auch dies als einen Tanz begreifen. Einen Tanz, der sich, ständig pulsierend, in unzähligen

„Den Himmel auf die Erde bringen“

Erscheinungsformen ausdrückt. So wie der Rhythmus des Auf und Ab, des Tages und der Nacht, der Hitze und der Kälte, tanzen auch wir – kalt und feurig, wild und ruhig, froh und traurig.
Alles ist ebenbürtig,
alles ist Tanz.

Reise in eine andere Wirklichkeit

Unser normales Leben führen wir in unserem Alltagsbewusstsein. Dabei spielen sich die Denkschemata ab, die wir zur Bewältigung des Alltags brauchen und die wir in Gewohnheit pflegen.
Es gibt jedoch Momente, wo wir aus dem normalen Bewusstsein ausbrechen und „Momente der Eingebung" erleben, einen Eintritt in eine außergewöhnliche Realität. Diese Momente sind überaus bereichernd, da sie uns erlauben, die täglichen Gedanken sein zu lassen und in eine unbekannte, spannende beGeisternde Welt einzutauchen. Dieser Zustand ist Medizin für uns. Diese kleinen Lichtblicke im alltäglichen Leben inspirieren unendlich. Momente des Eintauchens in eine andere Wirklichkeit sind wie das Salz, das dass Leben würzt.
Wie viele Depressionen blieben uns erspart, wenn wir uns körperlich freier bewegten, ab und zu Alles um uns herum vergessen könnten und uns führen lassen würden in das geheime Land der Wunder. Momente des

„Reise in eine andere Wirklichkeit“

Eintretens in die geistige Welt machen das Leben letztendlich lebenswert und spannend. Intensive Erlebnisse durch freies Tanzen lassen uns reicher und erfahrener werden. Und schöner. Unsere Augen beginnen zu strahlen, die Haut wird glatter und die Ausstrahlung frischer.
Zudem gewinnen wir an Intuition, mit der wir Entscheidungen klarer treffen können und uns in wichtigen Momenten richtig verhalten lernen.
Auch leidenschaftlicher Sex, Leistungssport oder Meditation könne diesen Zustand hervorrufen.
Der Tanz aber kann weit ins Land der inneren oder äußeren Ekstase führen. Er vereinigt alle diese Zustände in sich: Tanz kann erotisch, sportlich, meditativ, prophetisch oder exzessiv sein. Damit spricht er viele Bereiche des Lebens an, die neu be- und erlebt werden können.

Die Tanzvision

Visionen sind geistige Vorausschauen auf künftige Ereignisse. Sie können als Eingebung geschehen. Es mag sein, dass wir träumen zu tanzen oder wir uns bei laufender Musik plötzlich selber tanzen sehen.
Die schönsten dieser Erlebnisse hatte ich, in dem ich bei schwingender Musik in die vorbeiziehenden Wolken schaute. Dabei sah ich mich zwischen ihnen

tanzen, in immer neuen Bewegungen. Diese Bilder haben sich fest in mir eingeprägt.
Kommen diese kleinen Visionen nicht von allein, kann ruhig nachgeholfen werden. Um die eigene Tanzvision zu schaffen, ist ein möglichst entspannter Zustand notwendig. Es ist gut, bequem zu sitzen, liegen, lehnen, lümmeln oder stehen. Lege eine Musik auf, die dich inspiriert.
Sieh dich, wo es dir gefällt. In einem großen Saal, auf einer Wiese, auf einer Bergspitze, vom Wind umweht, auf einer Bühne, einer Terrasse, einer Burg oder in einer rot beleuchteten Kellerbar.
Schaffe deine Vision des Tanzes, deinen eigenen Tanz. Du trägst besondere Kleider – der Körper hat keinerlei Begrenzung. Lasse dich tragen von der Musik! Drehe dich, schwebe – oder stampfe und zucke. Es ist dein Tanz!
Wieder zurück sind wir um eine phantastische Erfahrung reicher. Wir haben uns tanzen sehen – losgelöst, einzigartig. Nun ist der Weg frei, dies in die Wirklichkeit einzubringen. Das Erreichen eines erwünschten Zustandes gelingt vor Allem dann, wenn wir genau wissen, wie sich dieser Zustand anfühlen soll. Wenn wir uns in unserem Wunschzustand sehen können, empfinden, riechen, schmecken und hören ist der Weg zum Ziel geebnet und vieles geschieht wie von selbst.
Haben wir uns also selber frei tanzen sehen und tanzen wir dann auf dem Boden der normalen Wirklichkeit, bekommt unser Tanz durch die Inspiration die wir in

unserer Vorstellung erhalten haben eine neue Dimension. So können wir unsere eigene kreative Welt viel eher ins Leben rufen. Das ist ein wunderbarer Trick, um Eigenart zu entwickeln. Dabei verstehe ich Eigenart nicht als etwas, das sich von Anderem abhebt, sondern als ein ganz besonderer Ausdruck unter all den anderen ganz besonderen Ausdrucksarten. Eine Art „EigenArt". Alles zusammen ergibt dann eine Vielfalt, in der Alles blühen darf und die Persönlichkeiten sich gegenseitig bereichern.

2. Die richtige Atmosphäre schaffen

Den Tanzplatz vorbereiten

Natürlich kann überall getanzt werden. Um sich voll ausdrücken zu können, ist es aber durchaus sinnvoll, sich in einem geschützten Rahmen zu bewegen.
Beim Tanzen zeigen wir viel von uns selbst, von unserer Persönlichkeit. Viele Frauen bevorzugen dafür einen Raum, in dem sie sich sicher fühlen. In der Öffentlichkeit gibt es nicht immer genügend Möglichkeiten zu tanzen. So ist es von Vorteil, sich einen Raum zu schaffen, der ideale Möglichkeiten zur Entfaltung bietet. Das muss kein ganzes Zimmer sein, eine Ecke, die ruhig ist, reicht völlig aus.
Sehen wir uns in unserer Wohnung um: Wo gibt es ein Eckchen, einen Platz, an dem wir uns wohl fühlen? Diesen Ort gilt es nun vorzubereiten um Raum zu schaffen für uns selber. Der Tanzplatz sollte ruhig und ein Stück von Fernseher, HiFi-Anlage und Fenster entfernt sein.
Bereite diesen Platz für dich vor. Hänge ein Tanzbild oder ein anderes Bild, das dich inspiriert auf. Schmücke den Ort mit Blumen, Steinen, bunter Dekoration, Tüchern, Kerzen oder Räucherstäbchen. Gestalte ihn so, dass du dich wohl fühlst! Es ist gut, dort allein sein zu können und vor Unterbrechungen geschützt zu sein. Zu viele Möbel nehmen Räumen die Weite, daher sollte

der Tanzplatz möglichst gar nicht und wenn, dann nur spärlich möbliert sein.
Es ist ratsam, barfuss zu tanzen, da dadurch zusätzlich die Reflexzonen der Füße massiert werden, was den ganzen Körper ausbalanciert. Natürlich darf die Musik nicht fehlen. Lege deine Lieblingsmusik bereit. Es sollten langsame und auch sehr rhythmische Musikstücke dabei sein. Trancetanzmusik und Techno eignen sich auch sehr gut.
Durch die Vorbereitung des Raumes entsteht eine festliche Stimmung, die den Tanz stark beeinflussen kann. Um diese noch zu steigern, kann der Raum geweiht werden.

Dazu knien wir uns hin und sprechen einen Vers: Zum Beispiel: *„Möge Freude und Leichtigkeit an diesem Platz wohnen. So sei es;"* oder: *„Möge ich hier ganz ich selbst sein."* Sprich einen Spruch deiner Wahl. Schon allein das Aussprechen solcher Segnungen schafft Atmosphäre und lässt uns einen Schritt neben das Alltägliche tun.
Wer sich den indianischen Traditionen verbunden fühlt, kann auch folgendes Ritual anwenden:
Nachdem wir ausgemacht haben, in welcher Himmelsrichtung wir stehen, treten wir in die Mitte des Tanzplatzes, in unseren Händen vier Steine, Blumen oder Federn.
Wir wenden uns an die Südseite des Tanzplatzes (kann vom Kompass oder Sonnenstand abgelesen werden) und sagen sinngemäß:

„Ich rufe die Kraft des Wassers und der Gefühle, hier zu sein! Kraft des Kindes, des Spiels und des Wachstums komm und nimm deinen Platz hier ein."
Dabei legen wir einen Stein (Feder, Blume) auf die Südseite unseres Tanzplatzes.
Nun wenden wir uns nach Westen und sagen:
„Ich rufe die Kraft der Erde, meines Körpers und der Innenschau! Sei hier mit deiner Beharrlichkeit!"
Dabei legen wir einen Stein (Blume, Feder) auf die Westseite unseres Tanzplatzes.
Wir wenden uns nach Norden und sagen:
„Ich grüße die Kraft der Luft, die Kraft der Philosophien, der Offenheit und des Denkens! Komm sei hier bei mir und inspiriere mich!"
Wieder legen wir einen Stein (Blume, Feder) im Norden nieder.
Und wir wenden uns nach Osten und sagen:
„Ich rufe die Kraft des Feuers und der Phantasie, der unzähligen Wirklichkeiten und des klaren Geistes! Komm, und spiel mit mir."
Wieder legen wir einen Stein (Blume, Feder) nieder.

Dieses Ritual macht den Tanzplatz zu einem Ort der Heilung. Er braucht nur zu Beginn ausgeführt und dann ab und zu erneuert zu werden.
Natürlich können diese Methoden auch für große Räume angewandt werden, in denen Gruppen tanzen. Ich habe große Räume vor dem Eintreffen der Tänzerinnen geweiht und bemerkt, dass das die Intensität und Tiefe des Tanzes stärkt. Gerade für das

Arbeiten in Gruppen schafft das Weihen des Raumes eine Stimmung, die die Teilnehmerinnen harmonischer agieren lässt.

Doch was machen wir, wenn wir keine Gruppe kennen, in der wir tanzen können und auch keinen Raum haben, in dem wir einen Tanzplatz herrichten können?
Die einfachste Möglichkeit ist das Benutzen eines Tanzteppichs. Ich empfehle dafür einen runden Teppich mit etwa 150 cm Durchmesser. Er kann nach den beschriebenen Ritualen eingeweiht werden. Nach dem Tanzen wird er zusammengerollt und kommt überall dort zum Einsatz, wo sich Möglichkeiten bieten.

Der Spiegel

Spiegel haben im Tanz ein zwiespältige Funktion. Zum Einen kann durch das Spiegelbild die eigene Bewegung kontrolliert werden. Wir können sehen, wo Kreise eckig sind, wo der Rücken rund anstatt aufrecht ist und wo der Arm kraftlos hängt, obwohl wir ihn aufrichten. Das bei sich selbst zu beobachten kann viele Vorteile schaffen. Oft sind Verspannungen in unserem Körper so tief eingebaut, dass wir sie auch beim „frei-Tanzen“ unbewusst festhalten.
Andererseits behindert der Spiegel den freien Ausdruck. Wenn wir von innen heraus tanzen, sind wir einfach. Es macht keinen Unterschied ob das gut

aussieht oder nicht. Wir drücken uns einfach aus. Wenn wir dabei in den Spiegel schauen, kann es sein, das wir beginnen, unsere Bewegungen zu kontrollieren, damit sie „schöner“ werden.
Ich empfehle zunächst eine lange Phase des Tanzens ohne Spiegel. Zum Schluss kann es dann angebracht sein, ihn mit einzubeziehen. Wenn wir Disharmonien bemerken, können wir versuchen, sie beim nächsten Tanz auszugleichen, um danach ohne Spiegel weiter zu tanzen.

Vom Schmücken

Schmücke dich, Geliebte!
Lass Farben schimmern auf deiner Haut.
Dein Armschmuck klimpert wie Sternenregen –
dreh dich –
lass die Glöckchen an deinen Hüften erklingen –
im Rhythmus der Trommel.
Öffne dein Herz!
Regenbogen umspannen dich
und tanzen im Licht
auf dem Glitzern deines Kleides.
Wie Mond und Sonne bist du –
wie Regen und Wind.
Gekleidet in den Farben der Liebe.
Dreh dich –
Sternenschwester –

dein Kleid schwingt um
die Rundungen deines Körpers,
spielt mit ihm
und trägt deinen Duft in die Welt.
Schmücke dich
und tanze.
Auf das meine Augen
sich berauschen
an der Vielfalt der Formen,
an dem Leuchten der Farben –
Du –
ein Strahl in der Morgensonne.

Die Freude, sich zu schmücken ist bei allen Völkern vorhanden.
Dazu werden Materialien aus der Natur, Perlen, Metalle, Stoffbänder, Farben, Haare und Narben eingesetzt. Schmücken ist immer ein Hinausgehen über das Notwendige, also in gewissem Sinne Kunst. Auch in der Natur sind Formen nicht nur zweckmäßig, sondern immer auch „schön“.
Leuchtende Farben und auch das Glitzern reflektieren das heilsame Licht. Vielleicht ein Grund, warum so viele Frauen Glitzersachen lieben.
Unser Erscheinungsbild als Frau war lange eher zweckmäßig und sachlich und durch Hosen und Blazer männlich geprägt. Heute haben immer mehr Frauen den Mut, sich so zu kleiden und zu schmücken, wie es ihnen gefällt. Der Fantasie sind keine Grenzen gesetzt. Schmuck muss nicht notwendigerweise kitschig sein.

Auch einfache Stücke, farblich aufeinander abgestimmt, sorgen für belebende Akzente.
Die Hauptsache dabei ist wieder einmal die Freude. Wir müssen uns nicht schmücken. Es macht einfach Spaß. Sich zu verschönern, setzt Selbstwertgefühl voraus, denn wer würde etwas liebevoll verzieren, das er nicht mag?
Im täglichen Leben tragen wir eher funktionelle Kleidung, meist im Rahmen der Mode. „Aufzufallen ist nicht Jederfraus Sache - so geben wir uns in der Regel eher dezent.
Wo aber bleibt der Drang nach Farben, Verspieltheit, Schmuck, Festkleidung?
Beim Tanzen können wir dem Bedürfnis nach ausgiebigem Schmücken voll nachgehen. Das Kostüm unterstreicht den Tanz und gibt ihm eine zusätzliche Komponente. Die Bewegung und das Kostüm zusammen könne das Besondere eines Tanzes zum Ausdruck bringen und eine Einheit bilden. In allen Riten der Völker sind zu Festen besondere Kleider oder Schmuck vorgesehen.
Wir haben leider viel davon hinter uns gelassen. Dabei wird die Atmosphäre eines Festes schon allein dadurch gehoben, dass die Feiernden geschmückt sind. Wenn wir uns besonders gekleidet haben, bedeutet dies unbewusst für uns, dass etwas Außergewöhnliches stattfindet. Das ist ein Schritt aus dem Alltag heraus. Beim Tanzen ist unbedingt Tanzkleidung ratsam. Das muss nichts Besonderes sein, vielleicht ist es einfach nur ein schöner Rock, bunte Tücher, die wir um Arme,

Haare, Hüfte und Füße binden können, vielleicht Fußglöckchen, Armbänder, oder einfach nur ein Kleid, um das wir bunte (Geschenk -) Bänder wickeln. Es gibt Tausende von Möglichkeiten, sich zu verschönern. Durch Kleidung können wir zu Bäuerinnen, Königinnen, kleinen Mädchen oder anrüchigen Frauen werden.
Die Tanzkleidung sollte bequem sein und den Bauch frei lassen. Gerade wir Frauen ziehen den Bauch oft ein, weil er nicht den Modevorschriften entspricht. Zusätzlich beengen wir ihn noch mit Gürteln oder Gummibändern, was ihm nicht gut tut. Rock, Hose und auch der Gürtel sollten also auf der Hüfte sitzen!
Wer Schmuck nicht mag, kann natürlich auch „pur“ tanzen. Auch das hat seinen eigenen Reiz, da es die nackte Bewegung zeigt. Trotzdem ist es ratsam, dabei andere Kleidung zu benutzen als die alltägliche.
Bei mir kann ich feststellen, das Tanzkleidung mich mehr zum Bewegen motiviert. Wenn ich umgezogen bin, kommt mehr Schubkraft in den Tanz.
In unseren Tanzgruppen ist es zu einem Ritual geworden, dass die Frauen sich vorher schmücken. Sie empfinden dies als Bereicherung und es ist in der Tat wunderschön anzusehen, wenn viele bunte Röcke und Tücher durch die Luft wirbeln. Es hebt die gute Laune und lässt das Tanzen zu einem Fest werden.

Der Tanzgürtel

In der Nibelungensage besitzt Brunhild einen Gürtel, der ihr die Kraft von sieben Männern verleiht. Tatsächlich ist der Gürtel ein kraftvoller Gegenstand, der uns beim Tanzen Halt und Stärke geben kann. Der Gürtel betont den Mittelpunkt des Körpers und die Bewegungen der Hüften. Er zeigt in seiner Beschaffenheit etwas über die Eigenart der Tänzerin.
In Boutiquen oder in Geschäften für Bauchtanzzubehör finden wir Gürtel, die mit Pailletten, Glasperlen, Fransen oder Münzen verziert sind. Sie können gut für den Tanz eingesetzt werden.
Persönlicher wird es jedoch, wenn wir uns unseren eigenen Gürtel anfertigen.
Dazu gibt es verschiedene Möglichkeiten. Am einfachsten ist es, ein Tuch um die Hüfte zu binden und fest zu verknoten.
Es könne auch einfach Ketten um die Hüften gebunden und mit alten Ohrringen, Anhängern, Federn, Christbaumschmuck und Ähnlichem behängt werden.
Als Nächste Möglichkeit gibt es die, einen alten Hüftgürtel mit Stofffransen, Steinen, Muscheln, Stoffblumen, Ketten oder Schmuck zu bekleben (Textilkleber oder Klebepistole). Das geht schnell und sieht wunderbar aus.
Uns selbst einen Gürtel zu nähen, kann sehr inspirierend sein. Er kann in unterschiedlichsten Techniken gefertigt werden. Der eigenen Kreativität sind hier keine Grenzen gesetzt. Der fertige Gürtel kann

mit Schmuck aller Art benäht werden. (Auf Wunsch sind Nähanleitungen bei der Autorin erhältlich).
Soll der Gürtel Kraft bekommen ist es wichtig, sich beim Herstellen zu zentrieren.
Während du an deinem Gürtel arbeitest, lenke deine Aufmerksamkeit in freudvolle Richtung. Sieh dich in deinem Gürtel erlöst drehen. Denke oder sage dabei einen Spruch, der so lauten könnte:
„Dieser Gürtel beschützt mich," oder: *„Dieser Gürtel lässt meine Hüften in alle Richtungen schwingen,"* oder: *„Dieser Gürtel lässt mich Ungeahntes erfahren,"* oder: *„Dieser Gürtel schenkt mir unendliche Freude und Beweglichkeit."* Durch solche gedankliche Hinwendung wird der Gürtel aufgeladen und erhält Kraft. Das stärkt die Intensität und Ausdruckskraft unseres Tanzes. So werden wir nicht nur verschönert, sondern auch gestärkt.

Spirit komm und tanz mit mir

Sprit, come –
come to my soul,
come to my body,
collect me, connect me …
be with me,
every time,
everywhere ... forever …
Spirit, come.

Tanz kann eine Abfolge eingeübter Bewegungen sein. Er kann aber darüber hinaus auch beseelt und von Geist inspiriert sein. Das Englische Wort für Geist ist spirit und hat in unseren Sprachgebrauch Einzug gehalten (lat.: spiritus = Geist). SPIRITualität beinhaltet Liebe und Leidenschaft. Wenn wir tanzen und uns vom Geist erfassen lassen, tanzt „es“ uns. Wir werden geführt und spüren eine tiefe Zufriedenheit, Begeisterung, Liebe, Leidenschaft und Fülle. Der Geist kommt zu uns nach Hause in unseren Körper zurück, ergreift und inSPIRIerT uns. Wenn wir losgelöst tanzen, uns im Rhythmus bewegen, lange, uns dem Tanz hingeben, ergreift uns SPIRIT, bewegt uns und führt uns zurück in unsere Heimat, zur Freude, zur Lebendigkeit und zur Erfüllung. Jede Zelle unseres Körpers wird davon berührt. Heilung kann geschehen. Wenn wir zu tanzen beginnen, müssen wir erst eine Schwelle überschreiten. Es gilt, die Gedanken sein zu lassen und auf das zu horchen, was sich bewegen will. Das Aufwärmen (Seite 41) ist eine Hilfe zum Einstieg. Weitaus inspirierender wird der Tanz, wenn wir SPIRIT einladen, dabei zu sein. Spirit ist immer da. Der Geist der Fülle, des Lebens, der Liebe, der Weisheit, der Freude, der unendlichen Vielfalt und der Inspiration. Er kann sich in Allem äußern und wartet nur darauf, von uns eingelassen zu werden. Wenn du ihn rufst, ist er da. Sofort. Und tanzt in dir – in deiner Weise. So, wie es für dich gut ist. In der Weise, wie du sein kannst in deinen gewagtesten Träumen. Vertraue! Du wirst geführt. Du wirst das tanzen, was dich befreit, was dich

erfüllt und was dich inspiriert zu neuen Wegen, zu neuem Leben und zu immer neuen Erfahrungen.
Es macht große Freude, auch andere „Geister" wach zu tanzen.

Einzel oder Gruppentanz: ***Spirit einladen***

Überlege, welche Gabe dir heute fehlt, oder welche du heute besonders liebst oder über welche du heute besonders nachdenkst. Ist es Freude, Ausdauer, Standfestigkeit, Stille, Weisheit oder Schönheit?
Willst du dich der Kraft der Sanftheit, des Spiels, des Vergessens, der Klarheit oder der Sinnlichkeit zuwenden? Wähle ein Thema aus!
Bevor du den Tanz beginnst, sprich (z.B.): "Geist der Wahrheit, komm und tanz mit mir!"
Tanze einen Tanz mit der Wahrheit oder für sie. Du wirst sehen, dass das deinem Tanz Esprit gibt. Du wirst anders tanzen. So, wie noch nie.
Etwas Neues ist erwacht und zeigt dir neue, vielfältige Wege.

3. Bewegungen von Innen spüren

Konzentration

Ich spüre
das Beben meines Körpers
die Stille in mir
wie der Atem mich hebt und senkt
wie Alles sich dehnen will.
Ich spüre mich,
spüre,
nur ich bin so
mit all den vergangenen Schmerzen und Freuden
mit aller Stärke und Schwäche.
Aufgerichtet habe ich mich –
jetzt lasse ich mich tragen.
Stillgestanden habe ich –
jetzt lasse ich mich los.
Und drehe und wirbele,
wohin auch immer ich mag.

Von Innen heraus zu tanzen bedeutet, ganz dabei zu sein. Mit ganzem Herzen, Körper, Seele und Geist. Um dieses Innen nach Außen bringen zu können ist es gut, es erst einmal kennen zu lernen und uns mit unseren eigenen Bewegungen und Empfindungen vertraut zu machen. Dazu ist Konzentration erforderlich.

Einzel oder Gruppentanz: ***Den Körper entdecken***

Lege sanfte Musik auf und stelle dich mit leicht gebeugten Knien hin. Schließe die Augen. Lenke deine Aufmerksamkeit in die Füße. Bewege sie im Rhythmus. Spüre, wie sie sich biegen und strecken, spüre, wie sie die Erde berühren. Fühle sie! Lass dich von deinen Füßen bewegen.
Erfühle dein Becken! Spüre, wie es leicht nach der Musik schwingt, wie deine Hüften sanft kreisen. Wie sie sich drehen, wie sie leben. Genieße es! Es ist dein Körper, deine Empfindung.
Konzentriere dich auf deinen Bauch. Lass ihn sich bewegen! Spüre, wie die Organe massiert werden. Fühle dich wohl in deinem Bauch, in dir.
Du fühlst deine Brust, deinen Oberkörper, deine Arme. Der Rücken dehnt sich wenn du tanzt. Du fühlst die Bewegung von Innen, spürst Gefühle in dir hochkommen. Lasse Alles zu!
Spüre, wie dein Körper von Innen bewegt wird. Empfinde das Leben in dir. Lass dir Zeit!
Konzentriere dich auf deinen Kopf. Wie er sich leicht hin und her bewegt, wie er sich wendet. Vielleicht fühlt er sich starr an, vielleicht knackt dein Hals – bewege dich langsam und sanft. Erzwinge nichts. Du brauchst nichts zu tun. Du bist hier zu Hause. In dir.

Selbst wenn wir nicht für uns, sondern fürs Publikum tanzen, verstärkt Konzentration die Ausstrahlungskraft. Wollen wir Zuschauer mitreißen, konzentrieren wir uns

abwechseln auf unsere eigene Bewegung und immer wieder auf die Zuschauer. So entsteht ein Tanz, der Kontakt aufnimmt, Momente neu entdeckt und ansteckt.
Konzentration verstärkt, bündelt. Der Tanz wird kraftvoll, er gewinnt an Ausstrahlung.

Erspüren und erlösen

Bewegen wir uns mit Konzentration auf das Innen, erspüren wir unseren Ist- Zustand in seinen momentanen Bewegungsgrenzen. Besonders im Rücken, den Schultern und auch im Becken sitzen aber oft Verspannungen, derer wir uns nicht bewusst sind. Wenn wir unsere Aufmerksamkeit nach Innen lenken, können wir sie erspüren.
Bilder und Vorstellungen helfen dabei, diese Blockaden sanft aufzulösen. Stellen wir uns ein Bild der Entspannung vor, hat der Körper es leichter, in diesen Zustand einzutreten.

Einzel oder Gruppentanz: ***Erspüren und erlösen***

Lege leichte Musik auf und schließe die Augen. Steh locker und halte die Knie entspannt. Werde ruhig! Nun bewege dein Becken. Wie fühlt es sich an? Ist es angespannt, ängstlich? Kannst du die Bewegung genießen? Fühlt es sich rund an?

Stelle dir nun vor, in deinem Bauch würde sich eine goldene Kugel bewegen. Beginne, sie zu drehen. Schwinge sanft deine Hüften und lasse sie in dir kreisen. Fühle, wie sie golden in dir schwingt und deine Bewegungen rund macht. Genieße das Drehen in deinem Bauch, in deinem Becken. Lass dich von Innen wohltuend massieren.
Beginne, im Tanz Brustraum und Schultern zu spüren. Wie fühlen sie sich an? Hast du Schmerzen? Fällt es dir leicht die Arme zu heben? Stehe mit leicht gebeugten Knien und lasse deine Schultern locker, kreise sie sanft und leicht. Spürst du, wie deine Brust sich bewegt? Ist sie nach vorn gebeugt oder aufrecht? Spürst du deinen Atem dort? Nun bewege deine Schultern. Lasse sie wie auf Wolken liegen. Sie sind gepolstert. Auch in deinen Schultergelenken sind überall Wolken. Leicht und weich. Lasse die Arme mitgehen und lege sie sanft auf. Lasse die Wolken unter deine Schulterblätter ziehen. Sie tragen dich! Die Wolken greifen dir unter die Arme, erleichtern dich, nehmen dich mit.
Stell dir nun vor, dein Kopf sei an einem Faden aufgehängt. Bewege dich! Der Faden hält deinen Kopf gerade und dein Körper schwingt sanft darunter. Lasse deine Schultern weich, dein Herz frei und deinen Kopf leicht werden. Genieße es und freue dich!
Bewege sanft deinen Rücken! Erspüre ihn. Hast du Schmerzen? Gibt es Stellen, die du nur schwer bewegen kannst? Ist dein Rücken starr oder geschmeidig? Stelle dir ein Bild vor:

„Im Strömen des Wassers“

Du bist unter Wasser. Um dich herum bewegen sich hell schimmernde Schlingpflanzen. Tanze mit ihnen! Tue ihnen in deinen Bewegungen nach. Lasse das Wasser deinen Körper bewegen. Lass dich treiben von den Strömungen! Schlängele dich. Das Wasser bewegt die langen Blätter um dich und massiert deine Wirbelsäule. Sanft schwingst du hin und her. Lass dich mitnehmen im Tanz der Wellen.

Freude an uns selber gibt uns Kraft. Je mehr wir uns selbst lustvoll erfahren, desto unabhängiger sind wir von äußerer Freude. Wir brauchen keine oberflächlichen Vergnügungen mehr, die uns Lust versprechen, da wir sie selber leben. Das Geheimnis daran ist, dass wir, je mehr wir der äußeren Freude nachjagen, desto weniger davon bekommen. Wir kennen sie nicht in uns selbst und können sie so auch Außen nicht finden. Finden wir sie jedoch in uns, strahlen wir dies unbewusst aus. Und genau das ruft Menschen und Ereignisse in unser Leben, die auch diese Freude in sich tragen. So wird dann echter lustvoller Austausch möglich. Die Wurzeln unseres Hoffens und Wollens liegen in uns selbst. Was wir in uns lösen, wird auch im Außen erlöst.

4. Leben in den Körper bringen

Aufwärmen

Mit dem Tanzen zu beginnen, fällt oft schwer. Wir fühlen uns müde und träge und haben keine rechte Lust. Dieser Zustand der Trägheit kann überwunden werden. Das festliche, rituelle Herrichten des Tanzplatzes und die Tanzkleidung sind ein erster Schritt auf dem Weg. Doch wie beginnen?
Von vielen Methoden ist für mich das Aufwärmen nach Gabriele Roth (Das befreite Herz), am einfachsten und wirkungsvollsten.
Schalte die Musik ein und stelle dich mit entspannten Knien hin. Beginne, deinen Kopf zu bewegen und mit ihm zu tanzen. Entspanne deine Knie! Lass deinen Kopf locker und ihn sich bewegen, wie er will. Folge mit dem Körper den Bewegungen deines Kopfes. Atme tief und lass ihn zwischen deinen Schultern drehen. Fühle die Verbindung deines Hauptes zu den Schultern und lass deine Schultern tanzen und sich winden. Dein Körper folgt den Bewegungen der Schultern. Nimm nun deine Ellenbogen hinzu, lass sie frei gehen und kreisen, wie sie wollen. Spüre, wie sie sich mit deinen Händen verbinden. Folge mit dem ganzen Körper der Bewegung deiner Arme und Hände. Nimm dir Zeit. Lenke deine Aufmerksamkeit in die Hüften. Beginne, sie zu kreisen. Sie erzählen Geschichten. Lass sie sich

drehen, winden, schaukeln, schütteln. Folge den Bewegungen deiner Hüfte! Spüre ihre Verbindung zu deinen Knien. Du fühlst die Verbindung deiner Knie und Waden zur Erde. Lass deine Füße dich bewegen! Folge mit dem Körper ihren Bewegungen. Dein ganzer Körper bewegt sich nun im Rhythmus der Musik.

Diese einfache Aufwärmübung geht von oben nach unten durch den Körper, also über Bewegungen von Kopf, Schultern, Armen, Becken und Beinen in die Füße. Da mit dem Kopf begonnen wird, werden die Gedanken gleich zu Beginn zerstreut und die Hingabe an den Tanz erleichtert.

Die Füße

Zur Belebung des Körpers ist es ratsam, mit den Füßen zu beginnen. Sie sind unsere Verbindung zur Erde. Stehen wir fest und sicher, kann uns „nichts umhauen". Die Art, wie wir mit unseren Füßen den Boden berühren, sagt viel aus über die Weise, wie wir durchs Leben gehen. Treten wir fest auf? Gehen wir möglichst leise und unbemerkt? Schlürfen wir oder tänzeln wir, als ob wir den Boden nicht berühren würden? Ich konnte oft beobachten, dass Frauen damit Schwierigkeiten haben, fest aufzutreten. Es ist sehr vorteilhaft, das zu üben, denn es gibt Stärke. Fest mit dem Fuß aufzustampfen und dem Gegenüber in die

Augen zu schauen, verleiht Macht. Gerade Frauen müssen immer wieder lernen, ihre Anliegen und Bedürfnisse durchzusetzen. Dafür ist der Tanz mit den Füßen eine Hilfe. Er erdet und lässt uns fester im Leben stehen. Das gibt Sicherheit für den ganzen Körper und somit auf für Seele und Geist, die in stetigem Wechselspiel miteinander stehen. Wenn du in der Öffentlichkeit tanzen willst, ist es oft schwierig, den Anfang zu machen, zu beginnen. Setzt du jetzt die Füße ein und gehst oder trittst im Rhythmus, ist der Anfang ganz einfach und alles andere geschieht wie von selbst. Probiere folgendes Spiel aus:
Lege rhythmische Musik auf und stelle dich bequem hin. Entspanne deine Knie, beuge sie leicht. Beginne nun, im Rhythmus der Musik zu treten. Gehe auf der Stelle oder durch den Raum – zunächst ruhig, in langsamen, festen Schritten. Nun können sie schneller werden, fester. Du kannst stampfen. Gehe mit schweren Schritten oder auf Zehenspitzen. Welche Möglichkeiten hast du noch? Du kannst gelangweilt, zielbestimmt, verführerisch, ängstlich, wütend, geschäftig, freudig, unbeholfen oder selbstsicher auftreten.
Jede Art, die Füße zu setzen, jeder Zustand, den wir mit den Füßen ausdrücken, verleiht dem Tanz eine einzigartige Stimmung. Sie bezieht den Rhythmus mit ein und spielt mit ihm. Unsere gebräuchliche Musik bewegt sich innerhalb des Vier-Viertel-Taktes. So können wir mit „eins, zwei, drei, vier“ mitklatschen oder stampfen.

Daraus kannst du einen neuen Tanz entwickeln:
Beginne, die Füße im Rhythmus zu treten: Eins, zwei, drei, vier. Setze jetzt zwei Takte leicht und zwei Takte hart. Oder mache einen großen Schritt vorwärts und drei auf der Stelle. Oder setze drei Schritte und stehe den vierten still. Es gibt unzählige Variationen. Spiele mit dem Rhythmus und mache dir deinen Tanz: Wie er kommt, wie er sich gut anfühlt. Sprich mit deinen Füßen, erzähle mit ihnen die Geschichte, die dich bewegt und die du loswerden möchtest.
Überaus heilsam ist die Berührung mit der Erde. Wir bekommen von ihr alles, was wir zum Leben brauchen. Sie mit nackten Füßen zu spüren, tut nicht nur uns, sondern auch Mutter Erde gut. Zusätzlich kann die Erdenergie unsere negativen Stimmungen aufnehmen und uns so erleichtern. Wir können unbesorgt alles, was wir nicht mehr wollen, in die Erde stampfen und sie bitten, es aufzunehmen und in ihrem glühenden Kern zu verbrennen.
Stampfe deine Wut, deinen Überdruss, deinen Zorn in die Erde. Stoße es von dir! Schüttle dabei deine Hände und schreie und tobe, wenn du willst.
Am Ende des Tanzes wirst du dich leichter fühlen. Du bemerkst, wie Negatives von dir gegangen ist. Nun ist Platz für neue Energie. Wenn du magst, kannst du diese wieder durch deine Füße in deinen Körper lenken:
Stelle dich mit leicht gebeugten Knien hin. Spüre, wie belebende, heilende Kraft der Erde durch deine Füße und Knie strömt. Sie steigt höher ins Becken. Wie gut sich das anfühlt – die nährende, beschützende Kraft in

deinem Bauch zu spüren, in den Armen und im Kopf. Stelle dir vor, dass Wurzeln aus deinen Füßen wachsen und die Lebenskraft der Erde in deinem Körper wie in einem Baumstamm hochzieht. Lasse deine Arme, Schultern und Kopf zu Ästen werden, die sich sanft im Wind wiegen. Strecke dich! Du stehst fest und sicher und kannst überall hingehen!

Dieser Tanz wirkt auch, wenn wir mit unseren Füßen auf Betonboden stehen. Wir lassen die Wurzeln einfach durch die Stockwerke in die Erde wachsen. Mit dem Tanz der Füße nehmen wir Kontakt auf und legen den Grundstein für die Sicherheit unserer Bewegungen.

Das Becken

Das Becken ist der Ursprung des menschlichen Lebens und das Zentrum, in dem unsere Lust sich zu entfalten beginnt. Viele alte weibliche Tänze ziehen Beckenbewegungen zur Feier der Fruchtbarkeit mit ein. In unserer Kultur kommen Beckenbewegungen im Tanz selten vor. Weiblichkeit besitzt keinen hohen Stellenwert, die schmalhüftige, flachbäuchige Frau ist zum Schönheitsideal geworden. Schmale Frauen bewegen ihr Becken selbstbewusst, was aber geschieht mit den Frauen, die ein weibliches rundes Becken und einen ausladenden Po haben? Oft werden die Bewegungen dadurch noch mehr eingeschränkt, es wird still gehalten, um nicht aufzufallen. Das beeinträchtigt nicht nur die Harmonie des Körpers und dessen Ausdruck, sondern beraubt uns auch lustvoller Erfahrungen. Es ist relativ einfach, das Becken wieder aufzuwecken und Leben hineinzubringen:

Stelle dich ruhig hin. Lasse Musik spielen, die dir gefällt. Beuge leicht die Knie und entspanne sie. Beginne nun, sanft mit dem Becken zu kreisen. Kreise es, bis die Bewegung sich rund anfühlt. Lass dir Zeit damit ...

Ziehe nun die Pobacken zusammen und spanne den Beckenboden an, damit alle Muskeln fest werden. Halte diesen Zustand kurz an und entspanne wieder.

Genieße deine Bewegungen! Spanne dein Becken an und entspanne es wieder. Der Wechsel zwischen Zusammenziehen und Ausdehnen ergibt einen rhythmischen Puls, der Lust schenkt.

Nun probiere verschiedene Bewegungen mit deinem Becken aus:

Kicke es nach rechts und nach links. Ziehe Kreise mit deinen Hüften, Wellenlinien, Achten, Spiralen oder Zickzacklinien. Ziehe jede Hüfte abwechselnd hoch. Schüttle deine Pobacken aus! Schiebe das Becken nach hinten und nach vorne. Wende es seitwärts. Kippe es zurück und wieder vor. Stehe dabei immer mit entspannten Knien! Ziehe Halbkreise vor dir und hinter dir, kreise mit jeder Hüfte einzeln. Dein Becken kann erzählen, sprechen. Lass es seinen Rhythmus und seine eigenen Bewegungen finden. Halte den Oberkörper still! Die Füße stehen fest auf dem Boden. Mach viele kleine Beckenkreise, die du zu einem großen werden

lässt. Experimentiere. Bewege dein Becken selbstbewusst, beachte es. Du kannst jetzt in den Spiegel schauen. Wie sieht es aus, wenn deine Hüften schwingen? Wie schaust du? Ist dein Gesicht dabei angestrengt oder gelöst? Strenge dich nicht an! Lasse die Bewegung von innen kommen und den Körper deinen Fortschritt bestimmen.
Ein lebendiges Becken schenkt neben Anderem Lebensfreude, erfüllende Sexualität, erotische Ausstrahlung und – natürlich auch eine gute Verdauung. In ihm liegt ein reicher Schatz verborgen, den es nur zu entdecken und zu erwecken gilt.

Der Bauch

Der Bauch ist im Zentrum unseres Körpers. Er ist durch keine Knochen geschützt und daher sehr empfindlich. Hier sitzen Gefühle wie Wut und Ohnmacht aber auch unsere Kraft und Stärke. Zudem verbindet diese Region das Oben und Unten, also Herz und Becken. Haben wir früh erfahren, dass lustvolle Bewegungen des Beckens nicht angemessen sind, schneiden wir sie vom Herzen ab. Es entsteht eine Schranke, die den Fluss der Energien behindert. Das bewirkt, das wir lustvolle Sexualität nicht mit dem Herzen mitbegleiten können und gleichzeitig Herzensgefühle von der Sexualität fernhalten. Die Muskeln im Bauch und Becken verhärten und verkrampfen dabei. Diese Region zu beleben, bedeutet daher auch, den Fluss zwischen Herzensgefühl und Trieb zu verbessern und selbst triebhafte Äußerungen von Herzen willkommen heißen zu können, ebenso wie Herzensgefühle im Trieb zu äußern. Ein weiterer Schwachpunkt für Frauen ist es, sich mit Bauch nicht attraktiv zu fühlen. Es ist völlig natürlich, dass Frauen, vor allem wenn sie Kinder geboren haben, „ein Bäuchlein" zurückbehalten. Stehen wir nicht dazu, ziehen wir ihn ein, was wiederum Anspannung bedeutet.

Das folgende Spiel kann unseren Bauch entspannen und mit neuem Leben befruchten:

Lege kraftvolle Musik auf und stelle dich mit leicht gebeugten Knien auf deinen Tanzplatz. Die Füße stehen fest auf dem Boden, der Bauch ist frei. Atme nun tief in deinen Bauch. Lass ihn ganz locker. Er soll so dick werden wie er werden kann. Atme tief ein und aus und werde ruhig. Strecke den Bauch beim Einatmen vor und ziehe beim Ausatmen ein. Lass deine Muskeln ihn zusammenziehen und ausdehnen. Stelle dir nun vor, du stehst unter Wasser. Eine Welle kommt von hinten genau in deinen Rücken und schiebt den Bauch vor. Von vorne kommt eine neue Welle und schiebt ihn wieder zurück. Fühle wie dein Bauch sich rund, in Wellenlinien bewegt. Lass ihn seine Bewegungen machen. Drehe aufrechte Kreise mit deinem Bauch, waagerechte. Lass ihn sich heben und senken mit deinem Atem. Gib ihm Raum!

Dieses Auf und Ab des Bauches kann noch weiter entwickelt werden. Dazu kannst du den Bauch im Rhythmus der Musik einziehen und ausstrecken. Ruhige Musikpassagen können mit aufrechtem Bauchkreis getanzt werden. Stell dir dafür vor, du stehst vor einer Wand, hast einen Bleistift im Bauchnabel und malst damit kleine Kreise an die Wand.
Wichtig ist es, nach der Anspannung immer die Entspannung folgen zu lassen. In den Bauch zu atmen, entspannt ihn und fördert die Intuition. Es ist Zeit, dass wir ihn beachten, annehmen und bewegen.

Die Brust

Die Brust ist der Sitz des Herzens und der Herzensgefühle. Hier leben tiefe Empfindungen wie Liebe, Einsamkeit, Verletztheit oder Freude. Nicht immer vermögen wir es, diese intensiven Empfindungen auszudrücken und zu erlösen. Andauerndes Ungleichgewicht äußert sich in Krankheiten. Um unseren Herzensbereich zu beleben, ist das Bewegen von Brust, Schultern und Armen sehr wohltuend. Der Brustkorb hebt und senkt sich beim Ein- und Ausatmen. Ein Sinnbild für den Rhythmus des Lebens. Tag und Nacht, Geburt und Tod, Geben und Nehmen. Das Herz nimmt Blut auf und gibt es wieder ab. So steht die Herzgegend auch für die Fähigkeit, des ausgeglichenen Gebens und Nehmens. Die aufgeblähte

Brust symbolisiert einen Menschen, der stark von sich eingenommen ist. Die eingezogene Haltung erinnert an jemanden, der sich selbst zurückstellt.
Das nächste Spiel ermöglicht uns ein Hin- und Herpendeln zwischen beiden Polen. Können wir unsere Wertlosigkeit und Überlegenheit erspüren und bewegen, fällt es uns leichter, uns in der Mitte einzupendeln:
Lege sanfte Musik auf und stelle dich mit leicht gebeugten Knien auf deinen Tanzplatz. Bewege dich leicht im Einklang mit der Musik.
Stelle dir nun vor, dein Brustkorb sei eine Blüte. Öffne ihn mit dem Einatmen so, wie morgens die Knospe ihren Kelch öffnet. Dehne deinen Brustkorb aus, wenn die Sonne die Blüte am Mittag bescheint. Wenn der Abend kommt und die Blume sich schließt, ziehe mit dem Ausatmen deinen Brustkorb wieder ein. Lasse die Schultern locker! Wiederhole dieses Spiel immer wieder. Du bist die Blüte, die sich öffnet und schließt. Lass daraus eine sanfte und gleichmäßige Bewegung entstehen, ein ruhiges Öffnen und Schließen. Genieße das lange!
Deine Brust kann noch weiter belebt werden: Versuche, deinen Oberkörper waagerecht im Kreis zu drehen. Hebe und senke die Brüste. Lasse die Schultern dabei ruhig und locker. Schiebe den Brustkorb nach rechts und nach links und ziehe dann einen aufrechten Kreis mit deiner Brust. Bewege deinen Oberkörper sanft wie das Auf und Ab des Meeres.

Du kannst auch spielen, unsicher deine Brust einzuziehen und sie danach erhoben und stolz zu halten. Vielleicht magst du Niedergeschlagenheit, Freude, Erleichterung, Hoffnung, Verbitterung, Kummer oder Unsicherheit mit deinem Oberkörper ausdrücken.
Jeder verschiedene Ausdruck gibt dabei deinem Tanz, unabhängig von der Technik, einen besonderen unnachahmlichen Geist.

Die Arme

Die Arme sind die Äste des Herzens. Was wir tagtäglich tun, zeigt an, was wir in uns tragen. Lassen wir uns in unseren Tätigkeiten vom Herzen leiten, geschieht die Arbeit mit einer gewissen Leichtigkeit. In den Armen und Händen liegt ungeheure Ausdruckskraft. Es gibt Tänze, die nur mit den Händen getanzt werden und die Betrachter fesseln und mitreißen. Im täglichen Leben geschehen viele Handgriffe wie von selbst, ohne, dass wir uns ihrer immer bewusst wären. Lenken wir unsere Aufmerksamkeit in die Hände, können diese eine Vielfalt verschiedenster Ausdrucksformen annehmen.
Beginnen wir mit den Schultern zu spielen:
Stelle dich mit lockeren Knien auf deinen Tanzplatz. Schwinge nach Musik sanft hin und her. Beginne nun, deine Schultern zu bewegen. Hebe und senke sie,

wende sie langsam nach hinten und nach vorn. Drehe und hebe sie sanft im Kreis, abwechselnd die eine und die andere. Drehe die Schultern mit den Armen nach hinten. Erst die rechte, dann die linke. Lass deine Arme die Bewegungen der Schultern fortführen. Nun bewege deine Arme, mache große Kreise. Langsam und ruhig. Strecke die Arme in alle Richtungen. Stelle dir vor, sie würden sich wie Schlangen bewegen, wie Schlingpflanzen oder wie Flammen unter Wasser. Die Wellenbewegungen der Arme fließen jetzt in deine Hände. Auch diese bewegen sich jetzt in Wellenlinien. Bewege sie wie im Wasser, wie Halme im Wind.
Lenke jetzt die Konzentration in deine Finger: Stell dir vor, aus ihnen kämen helle Strahlen, sieh deinen Händen zu und versuche, die Strahlen zu spüren. Lass alles im Raum von ihnen bestrahlt werden und spüre die Ausdruckskraft deiner Hände.

Welche Vielfalt von Bewegungen kann den Händen entlockt werden! Wir können mit ihnen heranziehen, abweisen, uns langweilen, wegschieben, befühlen, anbeten, ausschmücken, beleidigen, spielen, anlocken, abwehren, betonen oder festhalten.
Es bezaubert mich immer wieder zu sehen, wie sehr Hände unseren Zustand sichtbar werden lassen. Ihre Bewegungen zeigen die Botschaft unseres Herzens.

Der Kopf

Der Kopf beinhaltet den Sitz des Gedankenapparates. In ihm entstehen Impulse, die den Körper beeinflussen und auch Kontrolle über ihn ausüben. Der Kopf erlaubt dem Körper nicht jede Bewegung, wenn sie unangemessen erscheint. Beim Tanzen haben wir die Möglichkeit, den Kopf in die Bewegung mit einzubeziehen. Wenn wir ihn zur Seite beugen, haben wir schon einen Teil unserer kontrollierenden Gedanken aufgegeben und können leichter mit der Musik mitgehen, uns der Bewegung ganz hingeben. Dazu schlage ich folgenden Tanz vor:
Stelle dich mit lockeren Knien hin und wiege dich nach leichter Musik hin und her. Lass deinen Kopf den Bewegungen deines Körpers folgen. Lege ihn zur Seite, drehe ihn, erhebe ihn, spiele mit ihm. Lass deinen Kopf mit deinem Körper geschwungene Linien malen, immer wieder. Schlängele dich, lass dein Haupt von der Musik tragen. Dein Kopf kann leicht wie ein Ballon werden. Tanze so mit ihm, und genieße die Leichtigkeit. Der Kopf kann, obwohl sein Bewegungsspielraum ziemlich klein ist, doch viele verschiedene Zustände anzeigen. Er kann würdevoll getragen werden, gebeugt, leicht, aufmerksam hingebungsvoll, starr, müde, unsicher, schwer, freudig oder anmutig bewegt werden. Versuche, diese Kopfhaltungen zu tanzen. Du wirst sehen, dass dein Haupt dadurch leichter und freier wird.

Wenn du einen Teil der Kontrolle über deinen Körper verlierst, wird er automatisch Bewegungen ausführen, die für ihn heilsam sind. Wir können unserem Körper vertrauen. Er strebt immer wieder zum Ausgleich - zur Harmonie.

Die Drehungen

Wenn alle Teile des Körpers bewegt sind, vollendet sich dies in der Drehung. Sich zu drehen, kann wahre Glückstaumel hervorrufen. Es erlöst und befreit und kann – vielleicht mit wehenden Schleiern - an Sternen - oder Wasserwirbel erinnern. Im Universum drehen sich die Planeten in ihren Umlaufbahnen, jedes Atom beinhaltet die Drehung des Elektrons um den Atomkern. Sich zu drehen bedeutet sinnbildlich, ein Teil des schwingenden, drehenden Alls zu sein. Bei den Derwischtänzen drehen sich die Tänzer stundenlang gleichmäßig im Kreis. Sie geraten dabei in Trance, was sie in Kontakt mit ihrer Gottheit bringt. Wir können in der Drehung viel von unserem Ballast abwerfen, wegdrehen, herausschleudern. Zusätzlich schenkt uns das frische, neue Energie, die aus der Freude entsteht. Und vielleicht geschieht es uns sogar ein wenig so, wie den Mönchen mit dem Derwischtanz. Nachdem wir uns ausgiebig gedreht haben, können wir neue Ideen, Eingebungen oder Geistesblitze erhalten, die uns auf unserem Weg weiterhelfen.

Willst du dich selbstvergessen drehen, muss Raum dafür da sein. Du brauchst einen Platz ohne scharfe Ecken und Kanten. Jetzt kannst du den Tanz beginnen:
Lege Musik auf, die dich inspiriert. Beginne, dich langsam zu drehen. Erst rechts herum – halte im Schwung inne, drehe dich dann links herum. Wechsele die Richtungen. Lass dich in die Bewegungen fallen und deinen Kopf mitschwingen. Du kannst die Arme dabei heben. Beide gleichzeitig oder einen Arm nach oben strecken und den anderen nach unten. Wechsele ab! Drehe auch deine Arme wie Windmühlenflügel. Der Schwung fließt bis in deine Fingerspitzen. Alles in dir ist in Bewegung!
Nimm einen leichten Schleier. Drehe dich und schwinge dabei den Schleier um dich. Ziehe den Schwung des Stoffes in deine Bewegung mit ein. Lasse dich von dem Tuch umfahren. Die Luft spielt mit, wenn du tanzt. Sieh dich auf einem Berg in leichtem Wind tanzen. Du bist frei!

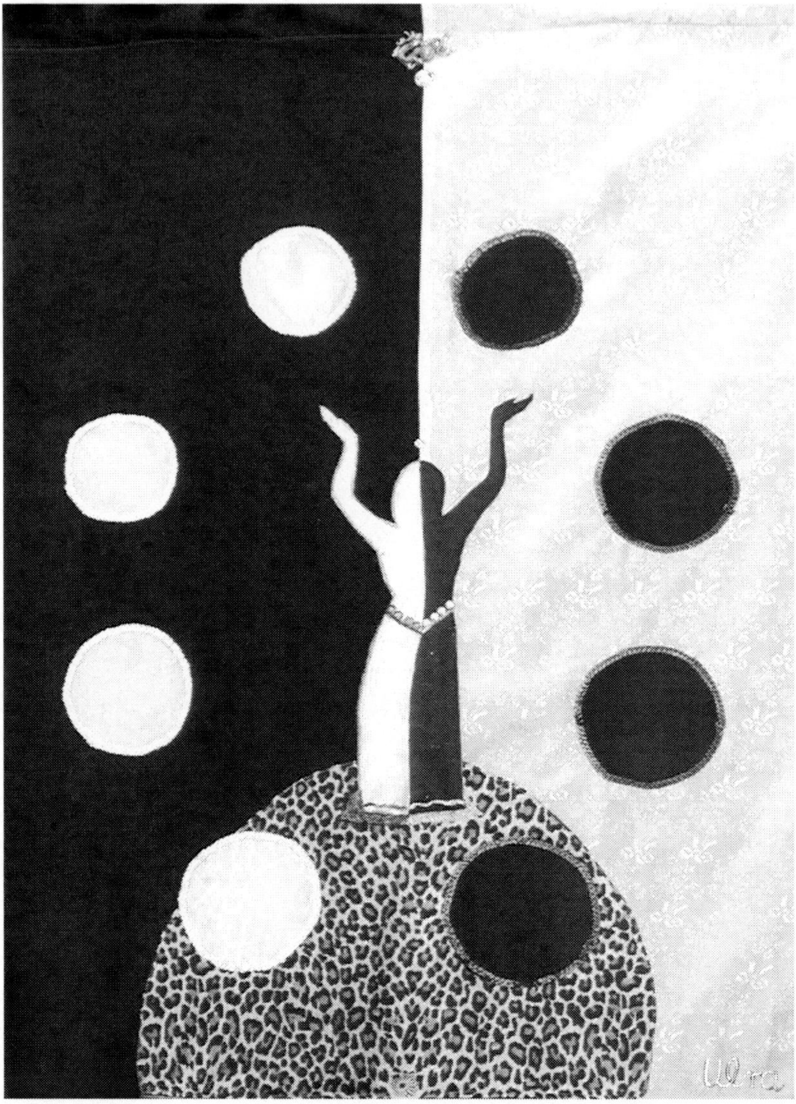

„Mit dem Schatten spielen“

5. Selbstliebe

Mit dem Schatten spielen

In der Regel betrachten wir unsere Schattenseiten als Feinde. Die dunklen Seiten an uns, unsere Habgier, Trägheit, die düsteren Stimmungen, Rücksichtslosigkeit, Hass oder Selbstzweifel wollen wir am liebsten schnell loswerden und uns nicht auf sie einlassen. Im Grunde können alle Schatten auf Angst zurückgeführt werden. Angst vor Einsamkeit, Armut, Schicksalsschlägen, Angst, nicht geliebt zu werden, zu versagen oder Angst davor, sich voll dem Leben hinzugeben und loszulassen. Ängste sind Teil unseres Lebens und gehören zu uns.
Wenn wir diesen Anteil verdrängen, bekämpfen oder übergehen, sind wir nicht ganz. Wir können uns nicht so, wie wir sind, akzeptieren und uns voll annehmen. Das Paradoxe daran ist, dass wir, je mehr wir einen Feind bekämpfen, ihn unbewusst damit stärken. Nehmen wir das Beispiel einer Frau, die sich ständig Vorwürfe macht, dass sie zuviel isst und dadurch zu dick wird. Sie denkt bei jedem Essen an die „Sünde", die sie begeht und daran, wie dick und hässlich sie ist und wird. Dadurch, dass ihre Gedanken ständig „essen, dick, hässlich, schlecht" produzieren, erhalten diese Begriffe Macht und werden immer präsenter. Die Fronten im Kampf gegen die Esssucht werden härter

und entwickeln sich zum aussichtslosen Krieg gegen sich selbst. Zudem verachtet sich diese Frau wegen ihrer Zügellosigkeit und kann keinen Frieden mit sich schließen. Mehr und mehr verliert sie dabei ihre eigene Stärke. So wird ein Gewinnen immer aussichtsloser.
Nehmen wir an, diese Frau beginnt, ihre Gier nach Essen zu akzeptieren. Sie bringt es fertig, ihre Sucht als einen Teil von sich selbst anzunehmen. Sie sieht ihr Verlangen nach Essen und kann ihm zulächeln, es begrüßen. Ja, sie ist so. Sie schlemmt gerne, es ist ein Teil von ihr. Sie akzeptiert ihre Esssucht als ihren Begleiter und beginnt, sich mit all ihren Pfunden im Spiegel zu betrachten. Ja, das ist sie selbst. Dieser Körper fühlt, atmet, empfindet und lebt! Diese Haut, dieses Fleisch kann Lust und Wärme schenken, sich bewegen, genießen, Berührungen spüren.
Nun geschieht etwas Wunderbares: Die Frau beginnt, sicherer und selbstbewusster zu werden. Sie liebt sich immer mehr so, wie sie ist und diese Liebe schenkt ihr Kraft. Diese Kraft belebt und regt an zu neuen Taten, die vielleicht sogar die Esssucht in den Hintergrund treten lassen.
Wenn sie jetzt an der Kaffeetafel sitzt und ihre Esssucht begrüßt und ihr zulächelt, kann sie spielerischer zugreifen. Vielleicht lässt sie ihrer Freundin, der Gier, den Vortritt und isst drei Stücke Kuchen. Dann fühlt sie sich gut. Vielleicht mag sie heute aber nicht ihre Freundin die Entscheidung treffen lassen, spielt heute nicht ganz mit und nimmt nur ein Stück. Dieses Spiel macht Spaß und es geht nicht ums

Gewinnen. Das, was wirklich zur Persönlichkeit dieser Frau gehört, wird bleiben. Es wird zu ihr passen und ihren Charme und ihre Ausstrahlungskraft ausmachen. Je mehr sie sich selbst liebt und annimmt, desto mehr wird sie das tun, was ihr, ihrem Leben und ihrem Körper gut tut. Sie wird sich respektvoll behandeln, gut für sich sorgen. Sie wird zu dem werden, für das sie geschaffen ist. In ihrer eigenen Art.

Einer meiner Schatten ist der des Unglücks. Ich wollte möglichst niemals unglücklich sein und zog das Unglück nur so an. Eines Tages, als ich todtraurig und verzweifelt war, begann ich, diese Schmerzen zu begrüßen. Ich sagte mir: „Ja, es ist so. Ich bin völlig unglücklich. Ich nehme das an. Ich lasse mich fallen in all diese Schmerzen, ja, kommt zu mir, hier bin ich, um euch zu begrüßen". Es geschah ein Wunder: Meine Tränen versiegten. Ich fühlte mich aufgehen im Strom des Lebens, ließ mich tragen von all den tiefen Gefühlen, die einfach da waren und sich mir zeigten. Ich fühlte mich aufgehoben und sicher mit dem, was war und konnte wieder tief durchatmen. Der Kampf hatte aufgehört und ich war im Frieden.
Viele Bereiche unseres Lebens können ihre Dunkelheit verlieren, wenn sie ans Licht geholt und begrüßt werden. Es gibt nichts, was wir bekämpfen müssten, denn alles ist unsere Freundin, unser Verbündeter. Können wir ahnen, warum er uns besucht und was er uns damit lehren will? Wissen wir, ob unsere Sucht nicht ein Drang nach etwas ist, was wir wirklich finden

müssen? Vielleicht suchen wir an der falschen Stelle. Vielleicht kämpfen wir gegen Schatten. Spielen wir mit ihnen! Sehen wir sie uns an und sie verlieren ihre Macht. Akzeptieren wir uns wohlwollend mit allem, was wir sind, tun und empfinden. Mit dem, was wir manchmal als Fehler bezeichnen und mit dem, was uns zustößt, können wir vertrauensvoller und mutiger neue Wege gehen und Herausforderungen annehmen. Lassen wir uns ein in das Abenteuer des Lebens!

Belastende Gefühle austanzen

Frauen durchströmen täglich eine Vielzahl von Gefühlen. Einen Teil davon kann leicht sofort ausgedrückt werden. Handelt es sich aber um dunkle, unangenehme Gefühle, fällt das schwer. Weinen, jammern, schreien oder toben war oft schon in der Kindheit nicht erwünscht, so dass wir es uns einfach abgewöhnten. Selbst wenn heute der Rahmen da wäre, sie auszudrücken, halten wir sie aus Gewohnheit zurück.
Was aber geschieht mit diesen Gefühlen? Sie bleiben im Verborgenen und gären vor sich hin. Wenn der Topf der geschluckten und nicht verdauten Gefühle voll ist, kann er sich explosionsartig entladen. Die Gefühlsausbrüche können dann schnell verletzen, weil sich einfach zu viel Negatives angestaut hat. Es kann dann geschehen, dass wir ungewohnt heftig reagieren,

was uns hinterher leid tut. Oder wir lassen einfach Dampf ab und treffen damit die Falschen. Es ist wichtig, eigene Empfindungen ernst zu nehmen. Sie müssen ausgedrückt werden um sich nicht zu verfestigen. Dauerhaft geleugnete Gefühle führen zu Krankheiten.

Andere Menschen können der Auslöser für unsere Empfindungen sein, nie aber sind sie die Ursache. Für das, was wir empfinden, sind nur wir selbst verantwortlich. Anderen Schuld zu geben, heißt, diese Verantwortung abzugeben. Werden unsere Gefühle zu negativ, liegt es an uns, etwas zu verändern. Es ist unser Leben. Doch was tun, wenn Gefühle zu heftig sind und auch zu ungerechtfertigt erscheinen, um sie mit aller Intensität zu äußern? Wo lassen wir unsere Wut, Angst, unsere Schmerzen? Bewegung kann die Gefühle nach außen bringen. Im Tanz können wir schreien, weinen, fluchen, schlagen, zusammenbrechen. Es muss keiner dabei zusehen. Das ist unsere Sache. Wir lernen, unsere Gefühle anzunehmen und zu bejahen. Toben, stöhnen, wütendes Gestikulieren ist in Ordnung! Wir dürfen es tun! Und praktizieren wir es, befreit es unendlich. Das Stresshormon Adrenalin wird durch unsere Bewegungen abgebaut. Schmerzen, die jahrelang mit herumgetragen worden sind, kommen hervor, werden gelebt, getanzt und gehen gelassen. Wut auf andere Menschen, Angst vor Vorgesetzten, Schmerz alter Verletzungen, Einengung durch andere, Einsamkeit, Trauer – alles darf sich ausdrücken, darf leben, wird

getanzt. Und damit befreit es sich, eine Schale bricht auf. Je mehr Schalen abfallen, desto heller dringt der Schein nach außen, desto eher können wir unser wahres Selbst leben. Mit allen Gefühlen. Doch beherrschen sie uns nicht mehr. Wir können sie spüren, erkennen, ausdrücken, gehen lassen. Immer wieder. Das Leben wird dadurch leichter, unbeschwerter und ehrlicher. Kinder können nach herzzerreißendem Weinen sofort wieder lachen. Auch wir können, sorgenbeladen, beginnen zu tanzen – und danach wieder lächeln.
Der Tanz den ich nun vorstelle, kann täglich getanzt werden. Gefühle ändern sich. Vielleicht bewegt dich heute Trauer über deine Einsamkeit, morgen aber vielleicht Ärger darüber, dass du nicht weiter kommst. So kann jeden Tag ein neues Gefühl auftreten und es wird solange hervorkommen, bis es erlöst ist. Tue einen Schritt zur Erlösung:

Einzel- und Gruppentanz: ***Gefühle austanzen***

Lege Musik auf, die dich anspricht. Vielleicht magst du chaotische oder auch sanfte Musik. Wärme dich auf und stelle dich mit leicht gebeugten Knien hin. Bewege dich leicht im Rhythmus. Schließe die Augen und spüre in dich hinein. Welches Gefühl war heute oder gestern sehr intensiv für dich? Gehe in das Gefühl, das sich dir zeigt, hinein. Versetze dich zurück. Wie war es, als du es fühltest? Was empfandest du? Bewege deinen Körper, lass deine Gefühle ihn führen, drücke aus, was in dir ist. Du kannst die Fäuste ballen, um dich schlagen, toben, liebevoll deine Hände in filigranen Bewegungen um deinen Körper führen, kannst alles hängen lassen, dabei klagen oder Lobeshymnen singen. Tobe deine Wut aus! Zeige deine Angst, deine Zweifel, leide deinen Schmerz! Lass raus, was in dir ist. Es ist gut so. Es sind deine ganz persönlichen Gefühle. Sie sind echt, sie sind lebendig! Beende den Tanz, indem du dich ruhig hinstellst, die Füße fest auf dem Boden. Atme tief und spüre deine Verbindung zur Erde. Lass diese Energie in dir hochsteigen.

Du bist sicher und aufgehoben. Ein Teil von dir hat sich befreit. Ein Teil der Schale ist aufgebrochen. Du hast Verantwortung für deine Gefühle übernommen, ihnen Raum gelassen, sie gelebt. Gefühle wollen gelebt werden. Das macht Lebendigkeit aus. So können sogar tiefliegende Verletzungen geheilt werden. Sooft sie sich zeigen, können sie ausgetanzt werden. Immer wieder. Erschrecke nicht vor deinen eigenen Gefühlen. Sie sind Teil von dir. Heiße sie willkommen und sie werden dich nicht mehr beherrschen, sondern nur ein Teil sein, der die anderen Teile leben lässt, weil er selber leben darf.

Neue Muster weben

Die Gefühle rauszulassen, ist oftmals eine große Erleichterung. Noch spannender wird es, wenn

Gefühle, Gedanken und hartnäckige Probleme umgewandelt werden. Was wir empfinden, ist teilweise bestimmt von Erlerntem und von Mustern, die sich im Laufe des Lebens in unser Leben eingewebt haben. Oft entsprechen unsere Vorstellungen, Gefühle und Gedanken dem, was wir uns vom Leben vorstellen. Wir erschaffen unsere eigene Welt. Es könnte sein, dass wir insgeheim glauben, wir würden niemals das bekommen, was wir uns wünschen. Unsere unerfüllten Wünsche sind aber da und wir werden im Laufe unseres Lebens immer unzufriedener, wenn sie sich nicht erfüllen. Vielleicht staut sich Wut an, Resignation oder Trauer. Wenn wir daran festhalten, nicht das zu bekommen, was wir uns wünschen, wird sich nichts ändern. Sehen wir uns aber in Gedanken und Gefühlen erfüllt und unsere Wünsche befriedigt, kann dieser Zustand eher eintreten.
Folgendes Tanzspiel ist wunderbar dafür geeignet, Gefühle, Ideen und eingefahrene Gedankenbilder von sich selbst aufzulösen und umzuwandeln:

Einzel- oder Gruppentanz: ***Neue Muster finden***

Gehe in dich und überlege, welches Problem dich im Moment beschäftigt. Was ist es, was dir nicht gefällt? Welche Stimmung, welches Erlebnis taucht dabei in dir auf? Was ist es, was dich heute ärgert, nervt oder gefangen nimmt? Versuche das Problem möglichst kurz zu formulieren. Nun kehre dein Thema um: Wenn du dich mutlos und verzagt fühlst, wäre die Umkehrung:

„Ich bin mutig". Glaubst du, du wärest einsam, kehre das um in: „Ich bin mit Menschen in Freude verbunden". Fehlt dir ein neuer Job, so kannst du sagen: „Ich arbeite zufrieden an meiner Arbeitsstelle". Benutze kein „Nein", also nicht: „Ich bin nicht traurig", sondern nur: „ich bin froh". Formuliere deine Ziele positiv! Lege nun Musik auf, die deiner Stimmung entspricht und wärme dich auf. Beginne, die ganz in dein Problem einzufühlen und bewege dich dazu. Lasse deinem Körper Raum, um das auszudrücken, was dich beschäftigt. Tanze deine Sorgen, lasse Hände, Arme und Füße sprechen, krümme und biege dich, sei kühl oder starr, ganz so, wie du dich in deinem Thema fühlst. Improvisiere, tanze einfach deine Empfindungen. Wenn du glaubst, deinem unerwünschten Zustand genug Raum gegeben zu haben, stehe kurz still und besinne dich auf die Umkehrung, die Lösung deines Problems. Nun tanze deine Erfüllung. Du kannst dich im Reichtum befinden und dich als reiche Frau tanzen, kannst dich erfüllt und befriedigt in einer Beziehung sehen, dich glückselig drehen und schwingen. Es ist einfach, dein Wunschbild zum Leben zu erwecken. Sieh das neue Bild von dir vor dir wie du dir dich wünscht, lasse es in dich ein und spüre es in dir. Nun gib ihm Ausdruck und tanze es. Erwecke dich zu neuem, befreiendem Leben. Tanze so, als wären deine geheimen Wünsche in Erfüllung gegangen. Genieße es! Eine Tür hat sich geöffnet.
Wenn wir uns innerhalb eigener Vorlieben und Abneigungen befinden und uns darin zurechtfinden, ist

das wundervoll. Es gibt jedoch Situationen, die ausweglos erscheinen und wo wir keinen Lichtblick sehen.
Folgende Meditation kann uns Wege aus unserer eingefahrenen Gedankenwelt weisen:

Meditation: ***Die Frau auf dem Berg***

Setze, stelle oder lege dich bequem hin und schließe die Augen. Sieh dich auf einer Wiese, die mit Blumen übersät ist. Vor dir steigt ein steiniger Berg auf. Es ist ruhig und sonnig hier. Irgend etwas reizt dich, den Berg zu erklimmen und du gehst auf ihn zu. Während du durch das hohe Gras watest, erblickst du am Fuße des Berges einen schmalen Pfad, der sich empor schlängelt. Du folgst ihm langsam. Immer höher geht es, der Weg wird steiler. Felsbrocken versperren den Weg, über die du klettern musst. Es ist ein gefährliches Unterfangen, aber du gehst sicheren Schrittes über Wurzeln, Steine, Abgründe hinweg und kommst der Spitze des Berges immer näher. Dein Blick fällt ins Tal – weit weg liegt es friedlich in der Sonne. Der Gipfel ist nun nahe. Du musst klettern und hältst dich an herausragenden Baumwurzeln fest. Endlich ist die Spitze des Berges erreicht. Eine kleine Ebene breitet sich vor dir aus, in derer Mitte ein Feuer brennt. Langsam gehst du auf das Feuer zu und erkennst die Umrisse einer alten Frau. Beim Näherkommen entdeckst du, dass sie dir zulächelt. „Setze dich" sagt sie, „ich habe auf dich gewartet." Du setzt dich zu ihr

ans Feuer und fühlst dich wohl und aufgehoben. Sie sieht dich an, als würde sie auf deine Worte warten und aus deinem Inneren heraus formst du das Thema deines Lebens, das dir keine Ruhe lässt. Erzähle der Frau von dir und dem, was dich bewegt. Dann stelle ihr eine Frage, die du gerne beantwortet haben möchtest. Sie sitzt lächelnd vor dir und schaut dich an. Sie antwortet! Lausche ihren Worten. Nimm sie in dich auf! Lasse dir Zeit! Bedanke dich nun und trete langsam deinen Rückweg an, der dir sicher und einfach gelingt. Du erreichst wieder die Wiese. Dort stehst du – nun wieder hier – um eine Erfahrung reicher. Du kannst das, was dir geantwortet wurde, nun in einem Tanz ausdrücken. Spüre die Antwort ganz tief in dir.
Mit dem Rat der weisen Frau wird dein Tanz und dein Leben reicher werden! Es wird neue Nuancen aufweisen, die dir geschenkt wurden, weil du darum fragtest.

Ein Fest für dich allein

Wir sind es gewohnt, Feste mit anderen Menschen zu begehen, selten aber für uns allein. Dabei schenkt das Feiern nur mit uns tiefen Genuss, Entspannung und Zufriedenheit. Wenn wir gelernt haben, uns selbst einen wunderschönen Abend zu bereiten, sind wir einfacher in der Lage, alleine glücklich zu sein. Und wenn wir das können und mit uns selbst zu feiern vermögen, sind

wir unabhängiger von anderen Menschen, was mehr Freiheit bedeutet.
Beginne damit, dir einen Abend auszusuchen, an dem du keine Termine hast und relativ ausgeruht bist. Schlafe notfalls vor deinem Fest ein Stündchen. Richte dein Zimmer festlich ein und dekoriere es ein wenig. Schaffe Ordnung! Blumen und Kerzen schaffen eine angenehme Atmosphäre. Beginne mit einem Bad oder einer Dusche. Versuche, deine alltäglichen Gedanken dabei abzuwaschen und wegzuspülen. Dieser Abend soll neu sein für dich. Lenke deine Aufmerksamkeit nur auf das, was du gerade tust, auf das Wasser, auf deine Haut, deine herrlichen Rundungen. Rieche den Duft des Badeöls. Genieße es, deinen Körper beim Abtrocknen zu spüren. Salbe dich wohlwollend ein und berühre dich dabei liebevoll. Nun bist du gereinigt und berührt. Kleide dich an mit dem, was dir sehr gefällt. Begib dich in deinen Festraum und zünde die Kerzen an: Nun ist es Zeit zu feiern. Du kannst ein Gläschen Wein trinken oder etwas essen, was du besonders magst. Lass es dir gut gehen. Jetzt kannst du tanzen:

Einzel- oder Gruppentanz: ***Sich selbst segnen***

Lege Musik auf, die du heute besonders magst und wärme dich auf. Stelle dich nun mit leicht gebeugten Knien hin und beginne, deine Füße zu bewegen. Spüre, wie sie den Boden berühren und im Rhythmus treten. Sage zu ihnen:

„Meine Füße führen mich sicher und frei durchs Leben.“
Bewege nun deine Knie mit, empfinde, wie sie sich geschmeidig drehen und sage:
„Meine Knie bewegen sich leicht, wohin ich es will.“
Schließe dein Becken in den Tanz mit ein. Schwinge und drehe es ausladend und sprich zu ihm:
„In meinem Becken wohnen Lust und Wonne.“
Lasse sich nun deinen Bauch mitbewegen, ziehe ihn ein und dehne ihn aus, drehe ihn. Sprich zu ihm:
„Mein Bauch strahlt wie die Sonne. Er ist voller Energie.“
Bewege nun deinen Oberkörper mit, lasse deine Brüste sich heben, senken und kreisen. Sprich zu dir:
„In meinem Herzen wohnt tiefe Liebe.“
Nun tanzen deine Arme mit – sie strecken und biegen sich – wie du es willst. Sage zu ihnen:
„Meine Arme geben und empfangen im Kreislauf des Lebens.“
Nun lasse auch deinen Hals und Kopf mittanzen und sie den Bewegungen deines Körpers folgen. Sprich nun:
„Ich sage, was ich empfinde. Ich bin eins mit der Welt. Ich bin glücklich.“
Wenn dein ganzer Körper tanzt, schwingen, durch die Worte und Gedanken angelockt, alle diese Eigenschaften mit und du gewinnst an innerem Halt.

Sich selbst in gutem Licht zu sehen und sich etwas Glückbringendes zu wünschen, ist ungeheuer wohltuend. Es ist wie inneres Streicheln. Wie schön,

dass wir uns selbst diese Liebe und Aufmerksamkeit schenken können.
An diesem Abend magst du alles tun, was dir gut tut. Feiere dich und dein Leben, tanze und empfange neue Ideen!

6. Der Tanz zwischen zwei Polen

Tag und Nacht

Eng und dunkel,
weit und hell ...
vermagst du´s zu ertragen?
Komm und sieh
Ohnmacht und Verzweiflung ...
Blinde Wut entführt mich –
lässt mich Alles spüren –
ganz und gar –
ich sterbe!
Im Dunkeln das Licht zu erblicken –
Wonne ...
Aufzusteigen, zu erwachen, zu erahnen
und wieder sicher zu sein.
Komm, tanz es ganz!
Erblühe immer wieder!
Fließe, Sei!

Im Verlauf unseres Lebens wechseln wir zwischen extremen Polen mehr oder weniger stark hin und her. Abneigung und Anziehung, Leere und Fülle, Kampf und Frieden lösen sich wechselseitig ab.
Wenn wir zwei Extreme erfahren, lernen wir immer auch die Mitte kennen. Getanzte Lebenserfahrungen ermöglichen uns, die Gefühlsituationen verschiedener

Zustände mitzuempfinden, ganz in sie einzutauchen, um dann aus dem Dunkeln oder der Helligkeit wieder über die Mitte in die Gegenrichtung einzutreten. Natürlich sind die extremen Lebenserfahrungen nicht bei allen Menschen gleich intensiv. Wir haben unterschiedliche Wege, damit umzugehen. Ob wir ein Gefühl wie Angst voll erleben oder unterdrücken und davor wegschauen, mindert jedoch nicht das Vorhandensein. Ja, je mehr ein Mensch seine Gefühle annimmt und ihnen erlaubt, sich auszudrücken, desto mehr bewegt er sich im Fluss des Lebens und wird vitaler werden (Vita = das Leben). Der Tanz bietet eine wundervolle Möglichkeit, Extremerfahrungen im Spiel auszuleben und sich damit der Schalen vergangener Ängste, Schmerzen und Verhärtungen zu entledigen. Das Leben bietet eine Vielzahl von Gegensätzen auf materieller als auch auf geistig- seelischer Ebene. Solange diese Pole in unserem Wesen nicht integriert sind, pendeln wir ruhelos zwischen den Extremen hin und her. In jeder einzelnen Dualität haben wir unsere eigenen Erfahrungen gemacht. Können wir lustvoll beide Pole und alle Zwischenstationen erleben, entsteht ein dynamisches Gleichgewicht. Je mehr sich das in der für uns richtigen Mitte einpendelt, desto zufriedener wird unser Leben sein. Die völlige Mitte könnte als „Einswerden mit Allem“ oder „das Zurückgehen zum Ursprung“ bezeichnet werden. Wir auf der Mutter Erde leben (bis auf wenige Ausnahmen) immer in Bewegung zwischen den Polen, in dynamischem Zwischenspiel. Das macht den Reiz und die Spannung des Lebens aus.

Es gibt keine Freude über neues Leben ohne die Schmerzen der Geburt. Und je tiefer der Schmerz erlebt werden kann, desto tiefer wird auf die Freude empfunden werden können. So ist uns allen zu wünschen, dass wir das Hin- und Herpendeln zwischen den Polen als einen lebendigen Tanz begreifen, als einen Tanz, der einfach jeden Moment unseres Seins und Befindens zeigt, ohne jegliche Wertung. Einen Tanz, der uns die Intensität unseres Erlebens spüren lässt – der uns heilt, zum Fliessen bringt und uns versöhnt mit den Wechselseiten des Lebens. Die Bewegung zwischen zwei Polen ist frei von Wertigkeiten. Was einem Menschen als schwer erscheint, erträgt ein anderer mühelos. Wenn wir alle Stationen auf der Strecke zwischen Plus und Minus bereisen, erkennen wir, dass sie alle ihren Wert haben und beginnen, unsere Standpunkte nicht festzusetzen, sondern dynamisch zu gestalten. Das hat zur Folge, dass innere Blockaden und Wertigkeiten nicht weiter in Stand gehalten werden müssen, sondern dass wir uns leichter dem Fluss des Lebens hingeben können.
Die folgenden drei Tanzspiele zeigen Wege auf, wie wir den Tanz zwischen den Polen gestalten und zu einer inneren und äußeren Reise werden lassen können. Das Aufwärmen (Seite 41) ist immer wichtig, um den Körper behutsam vorzubereiten.

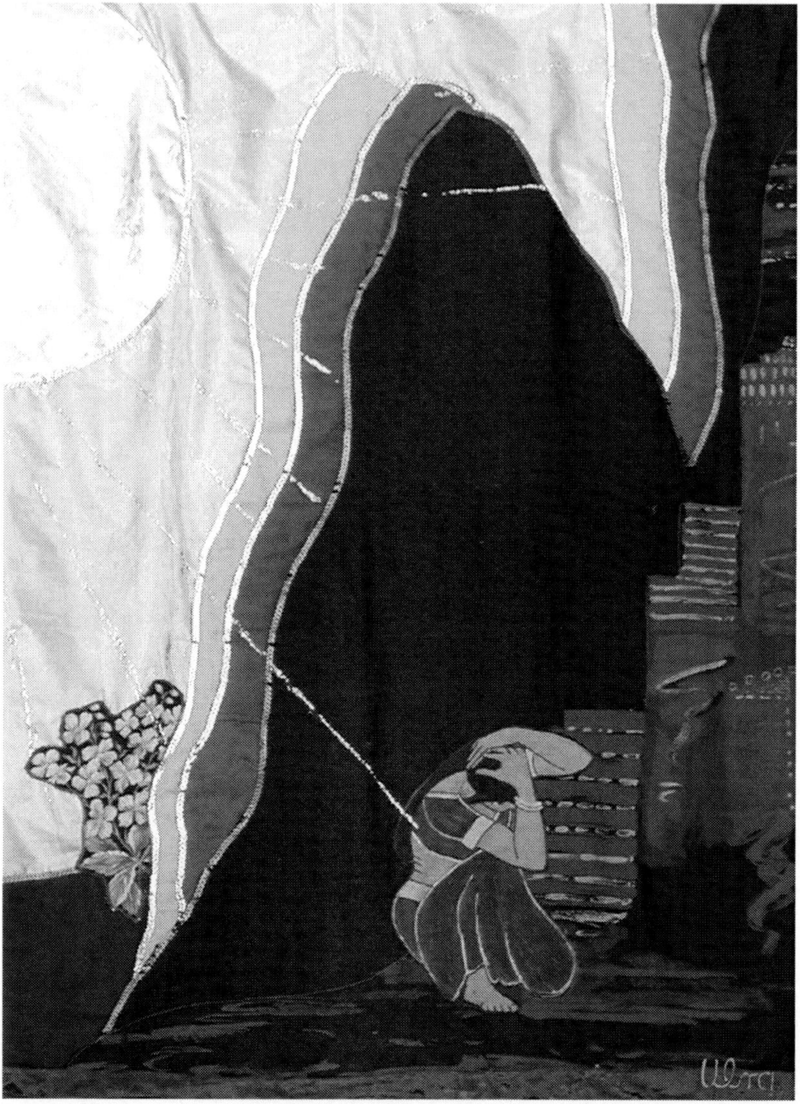

„Angst und Vertrauen“

Angst und Vertrauen

Angst ist in jedem von uns enthalten. Man könnte fast sagen, dass Angst der Grund für das Unglück in unserem Leben ist. Wie viele Stunden werden täglich überall auf der Welt voller Angst verbracht. Da gibt es die Angst vor Kriminalität, Krieg oder Terroristen, vor Armut oder Machtlosigkeit. Wie viele Stunden verbringt jede Einzelne von uns wirklich für Dinge, die die Angst ihr zuflüstert? Einsamkeit, Außenseitertum, Rückschläge, Misserfolge, sozialer Abstieg werden gefürchtet. Wie viele Beziehungen bestehen nur aus Angst davor, eigene Wege zu gehen? Und wie viele Menschen verharren in frustrierenden Jobs, aus Angst, sie könnten untergehen, wenn sie den Sprung in Erfüllendes wagen? Angst lässt den Körper erstarren und zusammenziehen und blockiert den Fluss, der Atem wird kurz und flach, das Blut stockt. Wir schaden keinem Anderen als uns selbst, wenn wir zu lange im Zustand der Angst verharren. Trotzdem sollten wir sie willkommen heißen und annehmen, wenn sie da ist, sie äußern und ausdrücken, ebenso aber den Weg finden, das Vertrauen wieder zu entdecken und auch darin aufzugehen. Zu vertrauen bedeutet, das Leben so anzunehmen wie es ist und dabei zu wissen, dass alles nur Begebenheiten auf einem Weg sind, dass Alles sich ständig ändert und dass das, was uns widerfährt, immer eine große Entwicklungschance und einen Segen beinhaltet. Schmerz kann Lust bringen und Einsamkeit kann sich zu Gemeinschaft umwandeln. Licht kann zu

Finsternis werden, wandelt sich aber irgendwann unweigerlich wieder zum Licht, wenn die Zeit dafür reif ist.

Einzel- oder Gruppentanz: ***Vertrauen finden***

Suche ein Musikstück aus, dass ca. eine halbe Stunde rhythmisch durchspielt. Beginne nach dem Aufwärmen, während du leicht vor dich hintanzt, nachzusinnen über einen Moment in deinem Leben, der dir ungeheure Angst einjagte oder über eine Angst, die dich jetzt begleitet. Versuche, die Einzelheiten genau zu visualisieren. Spüre deine Gefühle! Beginne, diese in deinen Körper fließen zu lassen und sie auszudrücken. Bemerke, wie du dich im Zustand der Angst bewegst. Mache dein eigenes Theaterstück daraus. Du spielst deine Angst. Sie ist deine Rolle und du kannst gut in sie eintauchen. Deine Bewegungen können eng und verhalten oder extatisch sein. Tanze alles raus! Wenn du genug hast, spätestens aber nach ca. 10 Minuten, lasse eine Öffnung zu. Stelle dir vor, dass du leise berührt und erlöst wirst. Spüre, wie dein Atem tiefer wird und die Muskeln sich entspannen. Lenke deine Gedanken nun zu einer Begebenheit in deinem Leben, in der du dich ganz sicher und unendlich geborgen fühltest. Spüre das Gefühl des Vertrauens tief in dir, lasse dir genug Zeit dafür. Drücke es aus, erlaube deinen Empfindungen durch deinen Körper zu fließen. Genieße dieses Gefühl, das „alles ist gut“.

Nach dem Tanzen zu danken für diese intensive Erfahrung, die du erleben durftest, halte ich für wichtig! Danken wir dafür, dass wir geführt wurden auf dem Weg zwischen Angst und Vertrauen. Es liegt letztendlich an uns selbst, wie wir uns in jedem Moment entscheiden.
Je öfter wir den Weg im Spiel, im Tanz gegangen sind, desto eher finden wir die Pforten und Wegweiser. Was wir spielerisch erleben können, schafft mehr Leichtigkeit für unser „alltägliches Leben“. Vielleicht finden wir in Alltagssituationen Sinnbilder unseres Tanzes wieder. Wir können eher zu Zuschauern des Lebens-Szenarios werden und lassen uns nicht mehr so sehr mitreißen, gewinnen inneren Abstand und damit an Gleichgewicht. In dem wir unsere Körperreaktion in der Angst wahrnehmen und sie in Vertrauen umzuwandeln lernen, erhalten wir ein Werkzeug, das außerordentlich hilfreich sein kann. In Momenten unbegründeter Angst (und meist ist sie unbegründet), kann die Öffnung zum Vertrauen eher geschehen, weil sie im Tanz schon spielerisch vollzogen, also geübt wurde. Unser Universum lebt in ständiger Interaktion, in der Sicherheit nicht immer gewährleistet ist. Die einzige Sicherheit ist die, dass alles mit lebendigem Geist erfüllt ist. Dieser liegt jenseits von Angst und Vertrauen, er ist! Und da wir im Spiel des Universums voll eingebunden sind, sind auch wir. Was wollen wir sein? Und schon beginnt das Spiel ...

Weiblich und männlich

Das Leben auf unserer Erde entsteht durch das Verschmelzen von männlicher und weiblicher Energie. Nur einen Pol zu leben, würde Stagnation bedeuten, erst das Zusammenspiel ergibt Lebendigkeit. In einer einfachen Definition kann das Weibliche als „weich, empfänglich, gefühlvoll" und das Männliche als „durchsetzungsstark und leidenschaftlich" bezeichnet werden. Mann und Frau haben männliche und weibliche Anteile in sich. Auch Frauen können Abgrenzungsvermögen, Kontrolle, Durchsetzungskraft oder Ichstärke aufweisen. Es ist wichtig, dass wir Stärke und Schwäche, Trennung und Einheit, Kontrolle und Hingabe in uns kennen lernen. Der spielerische Umgang im Tanz mit männlicher und weiblicher Energie unterstützt uns dabei, unsere verlorene Ganzheit wiederzufinden.

Einzel- oder Gruppentanz: ***Mann und Frau***

Suche dir drei Musikstücke aus, die möglichst fließend hintereinander gespielt werden können. Das erste Stück benötigst du zum Aufwärmen. Die zweite Musik sollte rhythmisch, hart und stark sein, das dritte Stück wiederum weich und gefühlvoll.
Nach dem Aufwärmen (Seite 41) beginne die männliche Energie nach der harten Musik zu tanzen. Tatkraft, Gradlinigkeit, Durchsetzungsvermögen, Abgrenzung und zielgerichtetes Tun sind dabei deine Stichworte.

Setze die Füße fest und stark und berühre mit ihnen sicher den Boden. Dein Körper ist aufrecht oder nach vorn gelehnt, deine Bewegungen fest und klar. Dabei kannst du dir Sätze sagen wie: „Ich weiß, was ich tue. Ich setze mich durch. Ich will!“ Tanze deine Kraft und Stärke heraus und entfalte deine Männlichkeit. Endet die Musik, stehe einen kurzen Moment still. Nun beginne, deine weibliche Seite fließen zu lassen. Gefühle durchströmen dich. Du wirst offen und lässt alle Bewegungen zu. Gib dich der Musik hin – tanze deine Schwäche und Verletzlichkeit, deine Weichheit und Sensibilität. Hier kannst du Sätze einsetzen wie: „Ich gebe mich dem Leben hin. Ich bin offen. Ich fühle mich!“. Dein Körper lässt jetzt die runden, geschmeidigen Bewegungen zu. Beende den Tanz mit fließenden Armbewegungen und mit einem Dank.

Dieser Tanz ermöglicht uns, uns mit vielen Zuständen zwischen männlich und weiblich vertraut zu machen. Wenn wir beide Seiten kennen lernen und sein können, vermögen wir sie auch besser zu verstehen und zu akzeptieren. Diese Akzeptanz setzt bei uns selbst ein. Wir lernen, unsere eigene Männlichkeit und Weiblichkeit anzunehmen und zu leben. Andererseits können wir dem anderen gegenüber verständnisvoller reagieren. Jede Station auf dem Weg zwischen weiblich und männlich wird durch den entgegengesetzten Pol bereichert und vervollkommnet.

Freiheit und Gefangensein

Frei zu sein
träumte ich
in Gefangenschaft
in Hinterhöfen.
Ich sah das Licht –
Verheißungsvoll ...
Schritte auf steinigem Boden.
Doch magisch angezogen
folgte ich
und fand.

Wie bei dem männlichen und weiblichen Aspekt sind auch Freiheit und Begrenzung hier auf der Erde ohne einander nicht möglich. Selbst die größte Freiheit ist durch die Begrenztheit des Körpers (Atem, Schwerkraft, Nahrungsaufnahme) in gewisser Weise gefangen. Freiheit empfinden wir, wenn wir uns unseren Wünschen und Bedürfnissen gemäß entfalten können, Begrenzung, wenn wir durch Erwartungen, Gesetze oder gesellschaftliche Vorgänge an der Selbstverwirklichung gehindert werden. Da wir in einer relativ freien Gesellschaft leben, sind wir es oft selbst, die sich freiwillig oder unbewusst in Grenzen begeben, oder gefangen halten. Das ideale Gleichgewicht ergibt sich aus der individuellen Mischung zwischen den Anforderungen des Alltags einerseits und der Freiheit, sich frei entfalten zu können. Zwischen dem Gesetz der bedingungslosen Nächstenliebe und dem rücksichtslosen Selbstausdruck und zwischen dem Gefangensein in alltäglichen Gedankenwelten und der Freiheit, auch andere Wirklichkeiten aufzusuchen. Der Tanz von Freiheit und Begrenzung lässt uns durch unseren Ausdruck der Starre an eigene Grenzen erinnern. Er schenkt uns das erfrischende Gefühl, die Freiheit wiederzuentdecken und das Glück, diese zu genießen. Vielleicht ermutigt er uns auch dazu, uns im Leben mehr Freiräume zu schaffen.

Einzel- oder Gruppentanz: ***Freiheit spüren***

Lege eine leichte Musik von ca. 30 Minuten Dauer auf, entspanne die Knie und beginne mit dem Aufwärmen. Tanze dich ein! Zuerst wird die Begrenzung getanzt. Ziehe abgrenzende Kreise mit ausgestreckten Armen um dich. Lass die Grenzen, die du mit deinen Händen um dich ziehst, immer enger werden. Beginne, deinen Körper langsam zusammenzuziehen und die Bewegungen kleiner und angespannter werden. Schließlich bist du völlig gefangen und hältst dich selbst fest. Nun beginne mit der Öffnung. Langsam entspannen sich deine Muskeln wieder, du spürst eine gewisse Leichtigkeit. Die Ausdehnung geschieht rhythmisch – immer weiter wird dein Körper, er beginnt in Freiheit zu pulsieren. Die Bewegungen gehen jetzt von innen nach außen, Hüften, Brust und Arme dehnen sich aus und sind – frei. Tanze, wie es dir gefällt!!!

„Die Befreiung“

7. Bewegte Farben

Farben, Chakren und Bewegung

Zwischen den Polen von Hell und Dunkel liegen die Farben. Bei der Brechung des Lichtes entstehen die sieben Strahlen des Regenbogens. Ein Urbild von sieben schöpferischen Kräften des Universums. Diese sieben Urkräfte oder Farben sind die Organe, in denen sich die Aspekte des großen Geistes im und durch den Menschen verwirklichen. Die Farben stehen in Verbindung zu den sieben Energiezentren des Körpers, den Chakren (Sanskrit = das Rad), die sich wie Wirbel im Körper bewegen und die Energie eines Menschen ausmachen. Farben beeinflussen zudem unsere Gefühle und auch den Körper. Daher ist eine ausgewogene und heilsame Farbwahl in unserer häuslichen Umgebung ratsam und wichtig. In der Farbtherapie wird mit farbigem Licht bestrahltes Wasser als Heilmittel getrunken. Wir selbst können mit verbundenen Augen Farbenergien wahrnehmen. Farbe ist also eine subtile Energie, die auch ohne Materie auskommt und ständig in unserem Körper drehend pulsiert. Die folgenden Farb-Tanz-Reisen und Meditationen zeigen Wege, die Farbe im Körper zu lokalisieren, die entsprechenden Regionen zu beleben sowie inneren Zugang zu den Farbenergien zu erhalten. Du kannst, um die Wirkung zu verstärken, farbiges Licht benutzen. Besteht eine

Abneigung gegen eine Farbe, kann das ein Hinweis auf unerlöste Prozesse sein. Die Beschäftigung mit den Chakren und deren symbolischer Botschaft kann uns viel über uns lehren und zeigen. Erkennen wir Disharmonien und Defizite, können wir willentlich diese Bereiche mit liebevoller Aufmerksamkeit erlösen.

Rot

Rot ist die Farbe der Lebenskraft, der Stärke, der Wärme und des Blutes. Sein Sitz ist der Beckenboden, die Basis der Wirbelsäule, am Wurzelchakra. Symbolisch gesehen ist das Rot also die Basis des menschlichen Lebens: Sexualität, Fortpflanzung und das pure Überleben in der Materie. Wenn wir im Fluss mit der roten Erdenergie sind, empfinden wir Sicherheit und Vertrauen. Wir wissen, dass wir unseren Platz in der Welt haben und stehen fest im Leben. Fehlt uns die rote, lebensspendende Energie, fühlen wir den Boden unter den Füssen nicht, heben ab und wissen nicht, was wir in der Welt zu tun haben. Existenzängste und mangelnder Realitätssinn können die Folge sein. Hier hilft es, Verbindung mit der Farbe Rot aufzunehmen. Tätigkeiten, die erdverbunden sind, wie Gärtnern, Kochen, Saubermachen, Wandern – oder Tanzen können die Sicherheit und das Vertrauen in unsere Lebensgrundlagen wieder herstellen. Das folgende Spiel verbindet die Energie des mächtigen, glühendroten Erdkerns mit der roten Energie des Wurzelchakras, das an der Basis unserer Wirbelsäule liegt:

Einzel- oder Gruppentanz: ***Rot tanken***

Lege rhythmische Musik mit möglichst tiefen Basstrommeln auf (z. B. Gabriele Roth) und beginne mit dem Aufwärmen (Seite 41). Stell dich mit leicht gespreizten Beinen fest auf den Boden. Stampfe ein paar Mal auf, um die Festigkeit zu spüren. Beuge deine Knie leicht und beginne, den Beckenboden, das Ende deiner Wirbelsäule, rhythmisch zu bewegen. Du kannst ihn dabei heben und senken, kreisen, schütteln, zusammenziehen und ausdehnen. Bewege deine „Wurzel", wie es dir gefällt. Nach ca. vier Minuten beginne, deinen Beckenboden zu öffnen und die rote, warme Energie nach unten fließen zu lassen. Öffne alle deine Muskeln und lasse es fließen! Verfolge den roten Strom gedanklich durch deine Beine hindurch, durch die Erdkruste bis zum rot glühenden Mittelpunkt der Erde. Dort angekommen strömt rot die Wärme der Erde energievoll den Weg zurück in deinen geöffneten Beckenboden und füllt alles rund um das Ende der Wirbelsäule mit sich drehender, roter Energie aus. Ziehe die Muskeln nun sanft an und das Rot hoch – halte es einen Moment – und lasse wieder los. Es entsteht ein Kreislauf. Die Hitze deiner Wurzel strömt bis zum Mittelpunkt der Erde und steigt, erfüllt mit neuer lebensspendender Energie wieder zurück in

deinen untersten Bereich. Ziehe wieder kurz die Muskeln an und lasse wieder los ...
Du kannst diesen Kreislauf so oft wiederholen, bis zu zufrieden und satt bist. Dann lasse die rote Energie gedanklich durch deine Wirbelsäule nach oben strömen bis in den Kopf, bewege deinen Körper dabei. Aus dem Kopf tritt der rote Strahle aus in den Himmel.
Tanze weiter und genieße dabei das Gefühl eines sicheren Standes. Tritt mit den Füssen fest auf und genieße die wohltuende Wärme der roten Farbe in Beinen, Füssen und an der Basis der Wirbelsäule. Die Verbindung zur Erde ist wieder hergestellt.

Als symbolische Entsprechung zum Wurzelchakra und der Farbe Rot können Metaphern, Sätze geformt werden, die diese schwingende Energie charakterisieren. Dies gibt Stoff für Tanzspiele, die Bewegung und geistigen Inhalt miteinander verbinden. Die Teilnehmerinnen sollten sich schon ein wenig angenähert haben. Wenn ich hier nur in weiblicher Form spreche, so geschieht das einfach nur aus dem Grunde, dass in meinen Gruppen bisher nur Frauen teilnahmen. Es wäre wünschenswert, wenn auch Männer sich zusammentäten, um spielerisch ihr Potential zu entfalten. Diese Spiele müssten dann aber auch speziell für Männer zugeschnitten sein.

Gruppentanz: ***Im roten Rhythmus schwingen***

Dieser Tanz geht vom individuellen Ausdruck zum rhythmischen Gleichklang über, was die Kraft der Gruppe verstärkt. Als Musik eignet sich Trommel-, Trance- oder Technomusik mit viel Bass. Die Teilnehmerinnen bilden einen Kreis und beginnen zu tanzen. Eine Frau geht nun in die Mitte und beginnt, wild ihr Sein zu tanzen. Als Leitsatz gilt hier: „Ich will sein, seht, ich bin!" Dann stellt sie sich in die Mitte, hält dabei aber einen einfachen Rhythmus mit den Füssen oder dem Becken. Eine zweite Frau löst sich aus dem Kreis und tanzt um die stehende, (sich im Rhythmus bewegende) Frau herum ihr Sein. Hat sie geendet, stellt sie sich dicht neben die erste Frau und bewegt entweder das Becken oder die Füße im gleichen Rhythmus wie ihre Vorgängerin. Eine dritte Frau löst sich aus dem Kreis, tanzt erst sich selbst, um sich dann zu den beiden ersten dazuzustellen. Stehen alle gemeinsam im gleichen Rhythmus in der Mitte, tut eine Frau einen Schrei und alle flitzen auseinander.

Sprechtanz Rot *(allein oder in Gruppen zu tanzen):*

Um die Inhalte der Energien des roten Wurzelchakras zu verstärken, ist Gedanke und Bewegung vereint doppelt wirksam.
Der folgende Tanz wird ohne Musik nur gesprochen. Die Teilnehmerinnen stehen im Kreis. Eine Frau sollte den Text laut vorsprechen, nach einigen Runden

verinnerlicht er sich dann und kann leise weitergetanzt werden. Die Frau spricht:
„Ich stehe voller Mut hier auf meinem Platz."
Bei diesem Satz wird mit den Füßen im Rhythmus der Silben aufgestampft. Weiter wird gesprochen:
„Sicherheit ist in mir."
Dabei wird der Beckenboden – wieder im Rhythmus der gesprochenen Silben – leicht gekreist.
„Schenkt mir Lebenskraft."
Bei diesen Worten werden die Hände bis zum Boden geführt, nah am Körper hochgezogen und danach in die Luft gestreckt.
Diese drei Bewegungen werden ständig wiederholt, solange die Konzentration dafür da ist.

Orange

Orange ist die Farbe des Sacralchakras. Es hat seinen Sitz im Becken. Die orange Energie ist wärmend und anregend. Hier verfeinert sich die Sexualität in Erotik, es entsteht aus dem reinen Fortpflanzungstrieb die verfeinerte Energie, Beziehungen einzugehen und kreativ zu gestalten. Dafür ist zunächst eine große Selbstachtung notwendig. Wenn wir uns selbst mit all unseren Empfindungen achten, können wir sowohl Grenzen setzen als auch Verschmelzung zulassen. Das Becken ist der Sitz der Gebärmutter und der Verdauungsorgane, Empfangen und Abgeben finden hier statt. In dieser Energie zu fließen bedeutet, die eigene Kreativität auszudrücken und die Bedürfnisse unseres Selbst zu schätzen und möglichst zu befriedigen.

Einzel- oder Gruppentanz: ***Orange Kugel***

Lege heitere, fließende Musik auf und beginne, dich aufzuwärmen. Bist du gelockert, stelle dich mit leicht gebeugten Knien hin und beginne, dein Becken leicht zu kreisen. Schließe die Augen und stelle dir vor, in deinem Becken würde eine orange Kugel rollen, die mit deinen Bewegungen mitschwingt. Sie dreht und kreist in deiner Lendengegend und füllt diese mit oranger, wärmender, belebender Energie aus. Das Orange massiert sanft deine Eingeweide und liebkost behutsam von innen deine Gebärmutter. Genieße das warme Strömen und lasse dein Becken intuitiv mitschwingen. Fülle dich mit kreativer Energie und beziehe dann den Rest deines Körpers mit ein. Beende den Tanz mit schwingenden, kreisenden Bewegungen.

Gruppentanz: ***Sich selbst achten***

Die Gruppenteilnehmerinnen überlegen gemeinsam, in welchen Punkten im Leben sie mehr Achtung für sich selbst aufbringen sollten. Das könnte z. B. sein, dass die eigene Meinung vehementer vertreten werden sollte oder Grenzen fester gesetzt werden müssten. Es könnte sein, dass die eigene Kreativität mehr Achtung benötigt

und diese zum Ausdruck gebracht werden will oder dass in bestimmten Situationen die Intuition und nicht andere Stimmen unsere Entscheidung treffen sollten. Wenn wir unsere Bedürfnisse achten und erfüllen wollen, müssen wir sie kennen. Wo sind echte Bedürfnisse, denen wir mehr Achtung entgegenbringen sollten? Jede Frau forscht dabei bei sich selber nach.
Dann beginnt der Tanz. Alle Mittänzerinnen bilden einen Kreis und beginnen zu tanzen. Eine Frau geht in die Mitte und sagt: „Ich achte mein Bedürfnis nach ... (Ruhe, Freiheit, Spiel ...).“ Die Frauen im Kreis gehen nun im Uhrzeigersinn um sie herum und wenden sich dabei tanzend der Frau in der Mitte zu. Sie bewegen sich in achtungs- und liebevollen Gesten und zeigen ihr ihren Respekt. Ist die Gruppe tanzend einmal um die Mitte gekreist, wird wieder kurz gemeinsam getanzt bis sich die zweite Frau in den Kreis begibt und ihren Spruch aufsagt. Der Tanz endet, wenn jede einmal im Mittelpunkt stand und sich alle Teilnehmerinnen voreinander im Kreis verbeugten.

***Sprechtanz Orange** (Gruppen- oder Einzeltanz):*

Bei diesem Sprechtanz wird der Text wieder rhythmisch in Silben gesprochen. Die Teilnehmerinnen stehen im Kreis.
Das Becken beginnt zu kreisen bei den Worten:
„Wohlig durchfließt mich oranges Licht.“
Die Tänzerinnen wenden sich nach links und setzen den rechten Fuß vor. Steht er auf dem Boden, macht die

rechte Hüfte kleine Kreise über dem rechten Fuß. Wird beim nächsten Schritt der linke Fuß auf den Boden gesetzt, kreist die linke Hüfte. Bei diesem kreisenden Gehen wird gesprochen:
„Was ich brauche, geb´ ich mir und denke auch an dich.“
Der Kreis steht wieder still, die Hüften beginnen nun, vor und zurück zu schwingen, wobei gesprochen wird:
„Ganz wie ich bin, so achte ich mich.“
Nun beginnt der Reigen von vorne. Bei diesem Tanz ist es vorteilhaft, wenn eine Frau den Text laut spricht, nach einigen Runden haben sich die Worte so eingeprägt, dass wortlos weitergetanzt werden kann.

Gelb

Sieh mich an, mich kleinen Mensch –
Wer weiß was über mich zu sagen?
Bin ich schön und bin ich klug?
Sag´s mir, sonst muss ich verzagen.
Sag mir, was ich bin und was ich soll,
denn Keiner konnte es mir sagen.
Ich will dich und brauche dich,
kann die Leere nicht ertragen.
Ich soll stark sein und dir´s zeigen?
Was denn – du bist zu beneiden!

Sieh mich an, hier stehe ich -
sicher auf dem Boden
Meine Sonne strahlt um mich,
hell und aufgehoben.
Wissen habe ich um mich
und um meine Stärken.
Was ich brauche, geb´ ich mir.
Es sei zu bemerken –
auch für dich ist was dabei –
labe dich an meiner Sonne.
Wenn ich müde bin und geh´
Ruh´ ich in mir
ganz in Wonne.

Gelb ist eine erheiternde Farbe, die den Intellekt und die Nerven stimuliert. Zugleich ist sie die Farbe des Solarplexus, des Sonnengeflechtes, das in der Magengrube unter den Rippen liegt. Dieses Chakra hat mit Selbstwert zu tun. Hier spüren wir zuerst die Verletzungen und die Konfrontation mit der Außenwelt. Hier sitzt auch das „Ichgefühl“, also alles, was als gesundes Ego bezeichnet wird. Wenn unser Solarplexus voll entfaltet, wissen wir um unseren Wert, unsere positive Macht und schätzen die Bedürfnisse unseres Selbst. Ist das Sonnengeflecht verdunkelt, lassen wir die Außenwelt unseren Wert bestimmen, den wir selbst nicht kennen. Außerdem bringt uns das schwache Selbstwertgefühl dahin, unsere eigenen Bedürfnisse nicht anzumelden und die Wünsche anderer eher zu erfüllen als unsere eigenen. In schwierigen, stressgeladenen Situationen können wir unseren Solarplexus durch vorgehaltene Arme und Hände schützen und „zumachen“. Zusätzlich sollten wir am eigenen Selbstwert arbeiten. Das Wort „Macht“ hat einen unangenehmen Beigeschmack, kann aber durchaus positiv sein. Wenn wir unsere eigene persönliche Macht zum Wohle aller einsetzen, können wundervolle Veränderungen geschehen. Angereichert mit Herzenergie kann unsere innere Sonne strahlen und die Umgebung verändern.

Einzel- oder Gruppentanz: ***Die eigene Sonne spüren***

Richte deinen Tanzplatz her, lege eine kraftvolle Musik auf und beginne mit dem Aufwärmen. Stelle dich dann mit leicht gebeugten Knien hin und wiege dich mit der Musik. Spüre deine Wirbelsäule entlang. In der Höhe deiner Taille ist der Sitz deiner gelben, warmen Sonne, die nun beginnt zu strahlen. Spüre, wie sich langsam und rhythmisch in deiner Körpermitte das gelbe Licht ausweitet, bis über Bauch und Rücken hinaus. Beginne, deinen Bauch zu drehen, in ihm wohnt der wertvolle Schatz deiner Sonne. Lasse alles um dich herum von deinem gelben Licht aus der Mitte heraus bestrahlen. Bewege deinen Bauch sanft, lasse den ganzen Körper mitschwingen. Spüre die Kraft und Stärke der gelben Strahlen. Genieße das, solange du magst. Dann lasse die Strahlen kleiner werden und in deinem Bauch pulsieren. Kehre zurück und bemerke deine Füße, die, im Rhythmus der Musik gesetzt, den Tanz beenden.

Gruppentanz: ***Wertvoll sein***

Die Gruppe teilt sich in zwei Teile und stellt sich, ein Stück voneinander entfernt, in zwei Reihen gegenüber auf. Jede Teilnehmerin sollte möglichst ein Gegenüber haben. Die erste Gruppe beginnt, sich tanzend auf die andere zu zu bewegen. Das Thema ist hier „Selbstwert". Jede Frau versucht, ihren eigenen Wert darzustellen und auszudrücken. Handbewegungen aus der Körpermitte heraus unterstützen die Gesten der eigenen Kraft. Die Füße sollten fest aufgesetzt werden, eine aufrechte Körperhaltung verleiht Würde. Hat die erste Gruppe sich tanzend auf die zweite zu bewegt, gehen die Tänzerinnen – immer noch auf ihren eigenen Wert bedacht – rückwärts auf ihren alten Platz zurück. Nun folgt die zweite Gruppe, die in der Reihe auf die anderen zutanzt. Zum Schluss verbeugen sich beide Reihen voreinander. Dieser Tanz kann fortgesetzt werden, bis das Musikstück endet.

Es ist oft überraschend, wie sehr Mängel in der eigenen Wertschätzung sich im Tanz offenbaren. Beim rückwirkenden Gespräch über das Tanzgeschehen kann jede Teilnehmerin ihre eigenen Gefühle beschreiben und so vielleicht den Zugang zu den Bereichen finden, die vermehrter Wertschätzung bedürfen. Außerdem können Beobachtungen der anderen dazu anregen, an bestimmten Gebieten noch zu arbeiten. Das Gespräch findet nach dem Tanz, vorzugsweise im Kreis statt, wo jede Frau reihum einmal dran ist, über sich selbst zu sprechen und die Beobachtungen der anderen entgegenzunehmen. Es ist wichtig, dass wir auch Dinge an uns wertschätzen, die vielleicht negativ erscheinen mögen. Wir sind so, wie wir sind einzigartig und alles in uns hat seinen Wert. Allein die spezielle Mischung von Erbsubstanz, Spirit und formenden Einflüssen ist überaus kostbar. Jede von uns ist ein Unikat, dessen Wert unschätzbar ist. Und jede trägt ihren Schatz in die Welt. Diesen Schatz weise zu gebrauchen, ist unsere Aufgabe.

Sprechtanz Gelb *(Einzel- oder Gruppentanz):*

Dieser Tanz wird ohne Musik nur gesprochen, gestampft und geklatscht. Wieder ist der Rhythmus der Silben ausschlaggebend. Die Teilnehmerinnen stehen im Kreis. Die Sätze werden anfangs laut gesprochen:
„Ich vertraue ...“
Dabei werden im Rhythmus die Füße gestampft.
„... meiner inneren Stimme.“
Hierbei wird der Bauch gekreist.
„Ich bin immer ...“
die Füße werden viermal aufgestampft.
„... stark und klug.“
Jetzt werden die Hände im Rhythmus geklatscht.

Dieser Vers wird solange hintereinander gesprochen und getanzt, bis Worte und Bewegungen ohne nachzudenken fließen.

Wenn wir uns schwach und ausgelaugt fühlen, können wir uns an diese Sätze erinnern, und dadurch an Stärke gewinnen, um heil und sicher durchs Leben zu gehen.

Grün

Grün ist die Farbe der Natur, des Ausgleichs, des Friedens und der Harmonie. Sie ist die Farbe des Herzchakras, das in der Brust in der Herzgegend beheimatet ist. Das Herz ist der Sitz der Liebe. Wenn das Herzchakra offen ist, verströmen wir Liebe und Freude, ist es verschlossen, kann Bitterkeit und Verzagen ausgesandt werden. Wenn wir lieben, sind wir offen. Unsere Herzenergie fließt von innen nach außen. Knüpfen wir an unsere Liebe Erwartungen, z.B. die Erwartung, genauso sehr wiedergeliebt zu werden, ist der Boden bereitet für Verletzungen und Schmerzen. Es tut weh, nicht das zu bekommen, was wir uns von Herzen wünschen. Fühlen wir uns verlassen und verwundet, kann es sein, dass wir unser Herz verschließen, aus Angst vor weiteren Verletzungen. Das hat leider zur Folge, dass wir zwar den Schmerz nicht mehr fühlen, aber auch die Liebe und die Freude nicht. Unser Leben verarmt und die Gefühle versiegen. Natürlich wird jeder Mensch im Laufe seines Lebens unweigerlich irgendwann verletzt. Der Schmerz ist umso größer, je mehr wir glauben, den anderen zu lieben. Zu verzeihen kann schwer fallen und die verwundeten Gefühle kommen immer wieder zum Vorschein. Jetzt ist es wichtig, zu versuchen, die schmerzhaften Erfahrungen möglichst gehen zu lassen. Wir wissen, dass wir verletzt wurden und wir lassen die Verletzung los. Sie ist vorbei. Sie kann abgehakt werden. Es beginnt etwas Neues, Heilsames. Ich habe die Erfahrung gemacht, dass ich die dunklen Stimmen in meinem Kopf ins Gegenteil umlenken kann (siehe Kapitel „Neue Muster weben"). So sehe ich viel Neues, Wunderbares auf mich zukommen. Wenn ich belogen werde, sage ich mir: „Ab jetzt ziehe ich nur ehrliche Menschen an". Wenn ich ausgenutzt wurde, denke ich daran, dass ich alles, was ich gebe, von nun an tausendfach zurückbekomme. Wurde ich verlassen, so bin ich mir sicher, dass ich nun in froher Gemeinschaft leben werde. Diese Umkehrungen zeigen mir ein Bild wundervoller Möglichkeiten, die, je mehr ich sie verinnerliche, um so überzeugender eintreten.

Die Liebe in unserem Herzen ist nicht nur für andere Menschen da, sondern auch für uns selbst. Schließen wir uns selbst in die Arme und schenken uns die Liebe, nach der wir uns sehnen! Unsere Fehler haben Sinn und Ziel, lieben wir sie, denn sie bringen uns letztendlich nur weiter.

Menschen, die in ihrer Kindheit zu wenig Zuneigung erfahren durften, sind oft süchtig danach, geliebt zu werden. Da sie nicht erfuhren, liebenswert zu sein, bringen sie es nicht fertig, sich selbst als liebenswert zu empfinden und suchen danach bei anderen. Sie sind auf der Suche nach Liebe, die aber nur in den seltensten

Fällen erfolgreich ist. Keiner kann uns all das geben, was wir brauchen, denn keiner kennt uns so gut, wie wir selbst. Nur wir selber können uns alle Liebe geben, wir allein wissen, was wir benötigen, um glücklich zu sein. Selbstliebe bedeutet auch, das zurückzuweisen, was uns nicht gut tut. Es ist unsere Pflicht und unser Recht, für uns selbst zu sorgen und uns mit Liebe, Geduld und Nachsicht zu behandeln. Vielleicht sind es Schuldgefühle, die daran hindern, uns selbst voll anzunehmen. Vielleicht gibt es Dinge, die wir uns selbst nicht verzeihen können. Gerechterweise sollten wir aber bemerken, dass es schon ein Verdienst ist, eigene Fehler überhaupt zu sehen. Vielleicht haben wir uns bemüht, aus den Fehlern zu lernen und sind schon ein Schrittchen auf dem Weg weitergekommen, sei es auch noch so klein. Lieben wir uns dafür! So, wie wir ein Kind lieben würden, das sich uns anvertraut. Je mehr Liebe und Achtung wir uns selbst zu schenken vermögen, desto weniger sind wir abhängig von der Liebe anderer. Wir brauchen uns nicht mehr zu erniedrigen, um endlich die langersehnte Liebe zu bekommen. Wir schenken sie uns selbst. Überhäufen wir alle verdunkelten Kammern in uns mit Liebe, Liebe, Liebe!

Einzel- oder Gruppentanz: ***Grüner Sternenregen***

Lege eine harmonische Musik auf und beginne mit dem Aufwärmen. Bewege dich langsam und ruhig im Rhythmus. Erspüre deine Herzgegend und atme hinein.

Lasse dir Zeit dabei! Stelle dir vor, dass sich in deinem Brustkorb eine grüne, pulsierende Kugel bewegt und sich immer mehr ausweitet. Das Grün in deiner Brust ist intensiv, es leuchtet hell aus der Tiefe. Fühle, wie die grüne Kugel sich bei jedem Einatmen mehr ausdehnt, nach hinten und nach vorne. Bewege dich dabei sanft. Der leuchtend grüne Ball wächst und strahlt nach vorne über deine Brust und nach hinten über deinen Rücken hinaus. Jetzt bewege deinen Oberkörper um diesen großen, grünen Lichtball. Kreise deine Brüste und lasse sie sich nach vorn und nach hinten bewegen. Schwinge harmonisch mit deinem Oberkörper und folge mit deinen Armen den Bewegungen des grünen Lichtes. Stelle dir nun vor, dass sich aus dem großen, grünen Ball kleine funkelnde Sternchen lösen, die sich in alle Richtungen spiralförmig verteilen. Sie gleiten hinunter in deinen Körper und beleben ihn dort mit ihrem funkelnden Schimmer. Sie kreisen um dich, umwirbeln deine Arme, prickeln in Kopf und Hals. Drehe dich in diesem grünen Sternenregen, wirbele in den grünen Funken herum, bis du dich ganz offen und frei fühlst. Genieße das! Nun magst du beginnen, die Kugel wieder langsam kleiner werden zu lassen. Sie zieht sich rhythmisch und funkelnd in deinen Oberkörper zurück. Lege die Hände auf dein Herz. Hier bewahrst du den leuchtenden Schatz, der in dir pulsiert, sich immer wieder nach außen ausdehnt und dann wieder Ruhe in sich selbst findet.

„Grüner Sternenregen“

Gruppentanz: ***Die Schwester stärken***

Die Gruppe stellt sich im Kreis auf. In einem Gespräch wird gefragt, welche Frau sich heute schlecht fühlt und Hilfe und Unterstützung braucht. Diese Frau begibt sich in die Mitte des Kreises und stellt, setzt, hockt oder legt sich dort hin. Alle anderen Teilnehmerinnen beginnen nun mit dem Tanz. Sie formen liebende, ermutigende Sätze in ihrem Inneren, die sie in ihre Bewegungen und Tanzgesten einfließen lassen. Sie tanzen ihre Liebe und ihr Mitgefühl und schenken sie der Frau in der Mitte, die dadurch Kraft und Mut erhält. Jetzt können – nach Belieben – die Rollen getauscht und weitergetanzt werden. Ist das Tanzstück beendet, verbeugen sich alle Frauen voreinander.

Sprechtanz grün *(Einzel- oder Gruppentanz):*

Wieder bilden alle Teilnehmerinnen einen Kreis. Der Abstand zwischen den Tänzerinnen sollte ca. 1,50 m betragen.
Der Tanz beginnt mit dem Satz, der wieder rhythmisch in Silben gesprochen wird:
„Mein Herz lässt alles Alte los."
Dabei werden die Arme ganz nach oben gestreckt. Die gespreizten Finger zittern oder wackeln und fahren von oben an beiden Seiten des Körpers entlang.
„Ich bin froh und frei."
Bei diesen Worten werden die Hände vom Herzen her in alle Richtungen ausgestreckt.

„Ich liebe mich unendlich."
Bei dieser Zeile umarmen sich die Teilnehmerinnen selbst und wiegen sich sanft hin und her.
„Liebe kommt immer herbei."
Nun beginnen Drehungen, die ausladend und freudig sein sollten. Die Hände werden dabei an den Körper geführt.
Der Text wird zu Anfang laut gesprochen und zu den Sätzen die entsprechenden Bewegungen ausgeführt. Nach einer Weile ist der Text so verinnerlicht, dass er ohne Worte nach Belieben weitergetanzt werden kann.

Blau

Blau ist eine kühlende, klare Farbe, die in unserem Körper im Hals lokalisiert ist. Das Halschakra steht für Selbstausdruck. Mit den hier liegenden Stimmbändern drücken wir uns sprachlich aus. Das freie Sprechen über Gefühle, Gedanken und Ideen gelingt aber nicht immer. Nicht jeder Mensch erlaubt es sich – ob bewusst oder unbewusst -, frei das zu sagen, was er insgeheim sicher weiß oder fühlt. So werden Worte verschluckt und festgehalten. Es können kindliche Erfahrungsmuster sein oder selbst festgesetzte Normen und Grenzen, die es bewirken, dass die Inspiration des „Alls" durch den Hals nicht in den Körper weitergeleitet, sondern dort gestoppt und wieder hochgeschickt wird. Ist das Halschakra geöffnet und klar, gelangt die Inspiration durch den Hals in den Körper und kann sich dort ausdrücken. Kopf und Bauch verbinden sich.

Wenn ein Mensch Angst davor hat, nicht geliebt zu werden, weil er sagt was er denkt, wenn er befürchtet, nicht mehr angenommen zu sein, weil er zeigt wie er wirklich ist oder glaubt, andere zu verletzen, weil er sagt, was er fühlt, wird er sein Halschakra verschließen und den Mund halten. Das hat natürlich zur Folge, dass er sich nicht frei ausdrückt, wobei wertvolle Inspirationen und Ideen auf der Strecke bleiben, was Krankheiten verursachen kann. Angst kann nur durch Vertrauen aufgelöst werden. Angst verschließt und hält fest, während Vertrauen öffnet und loslässt. Es gibt natürlich keine Garantie dafür, dass Alles gut geht. Es gibt aber auch keine Garantie dafür, dass es schlecht wird. Also fassen wir Mut und vertrauen darauf, dass die Veränderungen wichtige Entwicklungsschritte sind, die uns immer näher zu unserem wahren, leuchtenden Kern bringen.

Es ist gut zu üben, das, was wir empfinden, auch zu äußern. Je liebevoller unsere Umgebung (Freunde, Familie, Kollegen) dabei ist, desto einfacher wird es werden. Gelingt es nicht, die Gedanken, Gefühle und Ideen voll auszudrücken, kann es sehr hilfreich sein, ein Tagebuch zu führen, dem alle Empfindungen anvertraut werden können.

So ist der erste Schritt getan, überhaupt wahrzunehmen, was aus uns raus will.

Zu betonen sei natürlich auch, dass wir anderen Menschen das Recht einräumen sollten, sich zu äußern und lernen, zuzuhören. Den anderen wie auch uns selbst.

Einzel- oder Gruppentanz: ***Den Hals befreien***

Bereite deinen Tanzplatz vor und stelle dich mit leicht gebeugten Knien hin. Lenke deine Aufmerksamkeit in die Füße und erspüre ihre Verbindung zur Erde. Gehe nun mit deinen Gedanken in deinen Beckenboden. Fühle dort die rote Wärme, die dich ausfüllt, lasse Orange zwischen deine Hüften gleiten und dein Becken darin baden. Kreise es dabei. Erspüre dann langsam die gelben Strahlen deiner inneren Sonne, die ihr helles Licht in alle Richtungen schickt. Drehe dich dabei, biege dich und lasse deinen Bauch tanzen. Erinnere dich nun an deinen Herzraum, spüre die grüne, pulsierende, leuchtende, sich kreisende Kugel, die sich bei jedem Einatmen über deine Körpergrenzen hinaus ausdehnt und bei jedem Ausatmen sich wieder in dich zurückzieht. Genieße das Geben und Nehmen deines Herzens. Atme tief ein und aus und lasse den Atem in deinen Hals strömen. Hier strahlt helles, blaues, klares Licht. Fühle, wie das Blau deinen Nacken und Hals öffnet und Alles fließen lässt. Beginne, während du leicht tanzt, zu summen. Schicke mit deinem Summen das helle, blaue Licht in deinen Hals hinunter und hinauf, nach hinten und nach vorn. Wiege dich dabei und lasse deinen Kopf mitschwingen. Visualisiere nun einen Lichtstrahl, der deinen Hals mit dem Himmel und der Erde verbindet. Summe weiter, forme Silben und Worte und bewege dich dabei. Lasse alles geschehen, was aus deinem Hals heraus will. Du kannst dabei sprechen, stöhnen, singen oder krächzen. Beende den Tanz mit leisem Summen und indem du dich in eine leuchtend weiße Lichtkugel einhüllst. Sie wird dich beschützen.

Gruppentanz: ***Sich selbst ausdrücken***

Die Teilnehmerinnen bilden einen Kreis und beginnen, nach einem längeren Musikstück frei zu tanzen. Eine Frau begibt sich in die Mitte, während die anderen rufen: „Barbara (jeweiliger Name der Frau) erlaubt es sich, ganz sie selbst zu sein." Während dieser Worte tanzt die Frau in der Mitte „ihren" Tanz und versucht, sich frei auszudrücken, ohne sich irgendwelche Einschränkungen aufzuerlegen. Hat sie geendet, löst sie eine Mittänzerin aus dem Kreis ab, die nun ihrerseits in die Mitte geht. Wieder ruft die Gruppe „Julia erlaubt es sich, ganz sie selbst zu sein". Die im Kreis tanzenden Frauen unterstützen ihre Worte mit aufmunternden Gesten und Bewegungen. Der Tanz ist beendet, wenn alle Teilnehmerinnen einmal in der Mitte waren. Nach Bedarf können danach Erfahrungen ausgetauscht werden über die Empfindungen, die jede Frau in ihrem Selbstausdruck erlebte.

Sprechtanz Blau *(Gruppen- oder Einzeltanz):*

Dieser Tanz wird wieder ohne Musik nur gesprochen. Die Teilnehmerinnen stellen sich im Kreis auf, die Einzeltänzerin auf ihren Tanzplatz. Der Text – rhythmisch in Silben gesprochen – beginnt:
„Ich sage was ich fühle."
Bei diesem Satz werden die Hände trichterförmig an den Mund gelegt, als wollte laut geschrieen werden.
„Ich bin ganz klar."
Die Tänzerinnen bücken sich und streichen mit ihren Zeigefingern seitwärts am Körper hoch, bis beide Arme hoch in die Luft zeigen und die Zeigefinger zum Himmel gestreckt sind.
„Was mir in den Kopf kommt ..."
Hier wird der Kopf zwischen den gestreckten Armen seitwärts nach rechts und links geschoben.
„ ... das bringe ich dar."
Jetzt drehen sich alle Tänzerinnen, wobei die Arme frei um den Körper schwingen.
Auch hier kann der Text zunächst von einer Frau oder der ganzen Gruppe gesprochen werden, bis Sprache und Bewegung verinnerlicht sind.

Indigo

Indigo ist ein tief blauer Farbton mit einem Schuss Violett. Es ist die Farbe des „Dritten Auges", des

Stirnchakras und steht in Verbindung mit der Verantwortung sich selbst gegenüber. Hier empfangen wir die Seelenimpulse und Intuitionen. Wenn wir uns selbst gegenüber verantwortungsbewusst handeln, nehmen wir sie auf und leiten sie durch die anderen Chakren weiter, damit sie sich manifestieren können. Es gibt Menschen, die Verantwortung für das Leben anderer übernehmen und die eigenen Impulse unbeachtet lassen. Hier ist es notwendig, nach innen zu schauen und das, was nicht in unserer Verantwortung liegt, abzugeben, aber vor allem diese für uns selbst zu übernehmen. Wir können unsere Intuition verschärfen, indem wir beobachten, welcher Gedanke uns in Situationen als erster im Kopf auftaucht. Oft ist er der richtige. Jeder weitere kann schon persönliche Wünsche, Abwägungen oder Erfahrungen beinhalten. Es ist wichtig, auf die leise innere Stimme zu hören, die uns die Richtung unseres Lebens zuflüstert. Was, glauben wir, ist unsere Aufgabe hier, unsere wirklich wahre Aufgabe? Kommt eine Ahnung? Auf die Stimme der Intuition zu hören, bedeutet nicht immer Glück. Es kann auf Wege führen, die vielleicht einsam und absolut ungewöhnlich sind. Dennoch lohnt es sich, wirklich zu sehen, wo wir sind, was wir tun, was Sinn hat und wofür wir die Verantwortung übernehmen können und wollen.

Einzel- oder Gruppentanz: ***Blütenblätter im All***

Wärme dich auf und lege dann eine – wenn möglich – sphärische Musik auf. Stelle dich mit leicht gebeugten Knien hin und beginne, dich zu wiegen. Spüre die Verbindung deiner Füße zur Erde, stampfe ein paar Mal fest auf. Nun lasse deine Aufmerksamkeit durch die Füße, Waden, Knie, Oberschenkel, dein Becken, Bauch, Brust und Hals in deine Stirn wandern. Erspüre in deinem Kopf eine dunkelblau indigofarbene Blüte, die etwas oberhalb deiner Augen in der Mitte hinter deiner Stirn erblüht. Spüre, wie ihre satten Blütenblätter sich nach vorn über deine Stirn und nach hinten in deinen Kopf ausdehnen. Schließe die Augen und stelle dir vor, du wärest unter freiem Himmel im nachtblauen All. Fühle, wie das Blau der Blütenblätter sich mit dem All verbindet, wie das tiefe Indigo in den Himmel überfließt. Bewege dich, wie du magst. Tanze im All, solange wie du willst. Lasse deine Bewegungen dann wieder kleiner werden bis du am Ende ruhig stehst. Atme tief ein und aus. Empfange einen Gedanken! Dann befühle mit deinen Händen den Körper vom Kopf an bis nach unten. Bist du bei den Füssen angelangt, sieh sie dir an und tritt ein paar Mal fest auf. Abschließend umhülle dich mit deinem weißen Schutzkreis. Der Tanz endet mit einem Dank.

Gruppentanz: ***Die Mauer durchbrechen***

Die Teilnehmerinnen bilden zwei Gruppen und stellen sich in Reihen gegenüber auf. Eine Gruppe spielt jeweils Frauen, die eine Idee haben und diese durchsetzen wollen. Der andere Teil der Frauen bildet in Reihe eine Mauer, die sie spielerisch aufrecht erhält. Die erste Gruppe tanzt nun auf diese von Frauen gebildete Mauer zu und versucht, sie tänzerisch zu durchbrechen. Die Mauer ist fest, doch nicht undurchlässig. Das Spiel besteht darin, sich tänzerisch gegen Widerstand durchzusetzen. Letztendlich durchbrechen die Frauen der ersten Gruppe die Barrikade, was sich getanzt durchaus dramatisch oder auch lustig vollziehen kann. Nach dem „Durchbruch" übernimmt die erste Gruppe die Bildung der Mauer und die zweite bahnt sich ihren Weg hindurch.
Hier können Methoden ausprobiert werden, gegen äußere Blockaden anzugehen. Es können verschiedenste Techniken getestet werden, den eigenen Weg trotz Hindernisse zu gehen.

Sprechtanz Indigo *(Gruppen- oder Einzeltanz):*

Die Teilnehmerinnen bilden einen Kreis. Es wird folgender Satz gesprochen:
„Ich folge meinem Weg."
Dabei werden im Rhythmus der Silben vier Schritte nach rechts gesetzt.

„Ich tue es für mich.“
Jetzt berühren die Tänzerinnen mit beiden Händen mit den Fingern ihre Stirn.
„Ich tue es für alle.“
Die Arme werden in weitem Bogen ausgestreckt, die Finger zeigen nach außen.
„Ich stehe dafür ein.“
Bei diesem Satz werden die Füße aufgestampft und der Körper frei – im Gedanken an Verantwortung – bewegt.

Violett

Violett ist die Farbe des Scheitelchakras, das oben etwa in der Höhe der Fontanelle liegt, die bei Neugeborenen noch geöffnet ist. Es ist die direkte Verbindung des Himmels zum Menschen. Hier tritt der Wille der Schöpfung in Verbindung mit unserem menschlichen Sein. Das Wissen um das Eingebundensein im kosmischen Plan verschafft Selbstbewusstsein, das sich darin äußert, ganz ohne Erwartungen hier sein zu wollen. Wenn die Verbindung zum „Himmel“ schwach ist, kann der Wille zum Leben verloren gehen und sich Depression einstellen. Die Depressive hat ihre Verbindung nach oben verloren und stellt sich und ihre „Qualen“ in den Vordergrund. Sie empfindet keinen Sinn im Leben und blockiert das Eindringen der feinen Energien des Himmels.

Doch was ist der Sinn des Lebens? Sicherlich hat jeder Mensch eine bestimmte Aufgabe, doch der Sinn des Lebens ist einfach – zu leben. Hier zu sein. Zu sehen, riechen, fühlen, zu erschaffen, sich zu freuen, zu entdecken, zu spielen, zu tun, zu sein. Durch unsere Geburt wurde uns dieses Sein hier auf der Erde geschenkt. Empfinden wir uns als Empfänger des universellen Geistes, sind wir selbstbewusst. Wir wissen um unsere kosmische Verbindung und dass wir hier sein sollen. Fehlt diese Verbindung, kann sich das Verlangen nach Zugehörigkeit in ein Anbeten irdischer Götter (Geld, Schönheit, Erfolg usw.) umwandeln. Verlieren dieses dann aber ihre Gültigkeit, stellt sich Sinnlosigkeit ein. Sich im Einklang mit dem göttlichen Plan zu finden, befreit unendlich. Dann ist alles, was geschieht, im Fluss. Es ist gut zu üben, das Kronenchakra zum Blühen zu bringen, damit der kosmische Sinn, durch alle Chakren fließend, sich im Leben verwirklichen kann, was Harmonie zur Folge hat.

Einzel- oder Gruppentanz: ***Den heiligen Stern tragen***

Bereite deinen Tanzplatz vor, lege Entspannungsmusik auf und beginne, dich zu wiegen. Spüre deine Füße, die fest auf der Erde stehen. Gehe mit deiner Aufmerksamkeit langsam durch den Körper, spüre deine Waden, Knie, dein Becken, den Bauch, Brust, Arme, deinen Hals und Kopf. Nun stelle dir einen violettfarbenen Stern auf deinem Kopf vor. Wiege dich

und tanze sanft mit ihm. Spüre ihn wie eine heilige Krone auf deinem Haupt. Der Stern leuchtet hell und schickt seine Strahlen in deinen Kopf hinein und darüber hinaus. Lasse dir Zeit dabei!
Stelle dir jetzt einen weißen Lichtstrahl vor, der vom All direkt in deinen violettfarbenen Stern leuchtet und weiter durch deinen ganzen Körper hinab, durch die Beine in die Füße. Stehe einen Moment still, lasse das weiße Licht von oben durch dich hindurchströmen und durch deine Füße in die Erde eindringen. Jetzt sind Himmel und Erde in dir verbunden. Genieße das leuchtende Fließen in dir. Bilde nun einen weißen Schutzkreis um dich, danke und tanze weiter, solange du magst.

Gruppentanz: ***Selbstbewusst gehen***

Die Teilnehmerinnen bilden einen Kreis und beginnen nach sanfter Musik zu tanzen. Eine Frau löst sich und schreitet in aufrechter Haltung einmal innen im Kreis entlang. Dabei geht sie sehr selbstbewusst, tritt fest und sicher mit den Füßen auf und nimmt Blickkontakt mit jeder Frau auf, an der sie vorübergeht. Es ist wichtig, dieser fest in die Augen zu schauen und dem Blick eine Weile standzuhalten. Ist die Runde beendet, stellt sie sich wieder an ihren Platz. Nun ist die nächste Teilnehmerin im Kreis an der Reihe. Der Tanz endet, wenn jede Frau einmal langsam ihre Runde gedreht hat.

***Sprechtanz Violett** (Gruppen- oder Einzeltanz):*

Wieder stellen sich alle Mittänzerinnen im Kreis auf. Jetzt wird im Rhythmus der Silben folgender Satz gesprochen:
„Ich bin hier, um zu sein ...“
Bei den Worten „ich bin hier“ laufen die Frauen drei Schritte nach links, bei „um zu“ gehen sie zweimal in Stufen leicht in die Knie, bei „sein“ stellen sie sich auf die Zehenspitzen.
Der Text geht weiter:
„ ... und werde geleitet.“
Jetzt strecken die Teilnehmerinnen ihre Arme nach oben.
„In mich strömt ein ...“
Die Arme werden mit aneinandergelegten Fingern von oben vor dem Körper nach unten geführt:
„ ... der göttliche Atem.“
Bei diesen Worten wird der Körper wie eine Schlange gewunden.
Jetzt beginnen Vers und Tanz von vorn. Die Worte können von einer Frau allein oder von allen Teilnehmerinnen gemeinsam gesprochen werden, bis sie auswendig und leise weitergetanzt werden können.

„Tanz dich frei“

8. Die Elemente tanzen

Die Luft

Das Element Luft wird in der Tradition der nordamerikanischen Indianer dem Norden zugeordnet und ist männlich. Das Bild des Windes, der stark dort hin weht, wohin er will, zeigt diese Energie deutlich. Die Luft reagiert unvorhersehbar und kommt mit Allem in Berührung. Sie ist frei, drängt ständig weiter und ist kaum in der Lage, sich auszuruhen. Luft ist eine eher geistige Energie, da sie weder greifbar noch eingrenzbar ist. Sie wird daher auch mit Inspiration, der Verfeinerung des Geistes, dem Verstand und dem Weg in die Transzendenz in Verbindung gebracht. Die Tierkreiszeichen Waage, Wassermann und Zwilling gehören dem Luftelement an. In harmonischer Konstellation schafft Luft Beweglichkeit, Übersicht, Klarheit, Intelligenz, Wachheit, Erfinden, Frische, Forschung und Vielfalt. Menschen, die zu viel dieses Elementes in sich tragen, können oft wundervolle Pläne und Einsichten erschaffen, sie aber schwer auf die Erde bringen und verwirklichen. Ist zu wenig dieses Elements vorhanden, kann das zu Engstirnigkeit, Phantasie- und Humorlosigkeit werden. Luft schenkt uns die Freiheit des Geistes, einen weiten Überblick und Leichtigkeit im Erlangen neuer Inspirationen.

Einzel- oder Gruppentanz: ***Die Luft tanzen***

Wärme dich auf und lege dann eine sanfte, schwingende Musik auf, die ca. 10 Minuten dauert. Falls du Musik von Gabriele Roth benutzt, wähle die Stücke des 4. Rhythmus, der Lyrik.
Binde einen leichten Schleier um deine Hüften. Entspanne die Knie und atme tief ein und aus. Spüre, wie die frische Luft in deine Lungenflügel eintritt, dort zirkuliert und wie ein sanfter Wind wieder aus dir entströmt. Sieh dich auf der Spitze eines Berges, wo es warm und frei ist. Du stehst dort oben – die Luft strömt belebend in dich und wieder aus dir heraus. Lasse daraus einen leichten Wind werden, der sich langsam in dir und um dich zu bewegen beginnt. Atme ruhig und tief – lasse deine Arme mitschwingen, deinen Brustkorb, den Bauch, die Hüften. Dein ganzer Körper atmet mit seiner Bewegung ein und aus. Du wirst leicht. Erinnere dich – du stehst oben auf einer Bergspitze – vielleicht auf einer kleinen Wiese? Dein von Atem bewegter Körper vermischt sich mit der Luft der Berge, mit dem Wind der Höhen, dem Hauch der Täler. Wind durchströmt dich, spielt mit dir, mit deinem Körper. Löse den Schleier von den Hüften und lasse das dünne Tuch um dich herumschwingen, mit der Luft spielen, sich tragen und bewegen lassen, Wirbel erzeugen und nachzeichnen. Genieße das Gefühl der Freiheit und Leichtigkeit, lasse dich tragen.

Beendest du den Tanz, kehre wieder zurück zu deinem Atem, stehe noch kurz still, um die Luft wieder ruhig in dich hinein- und hinausströmen zu lassen. Danke!

Tanzspiele für Gruppen

Windspiel

Die Teilnehmerinnen sausen wie der Wind, mal lau und ruhig, mal wild und stark umeinander herum. Hier muss blitzschnell reagiert werden, um Hindernisse, also andere Tänzerinnen, zu „umwehen“, was sehr erheiternd sein kann.
Variation: Beim Sausen durch den Raum tanzen die Teilnehmerinnen abwechselnd mit gebeugten Knien und auf Zehenspitzen, was die Beweglichkeit der Luft noch mehr verdeutlicht.

Mit Widerständen spielen

Die Tänzerinnen „wehen“ wieder wie der Wind umeinander herum und stoßen sich, wenn sie sich treffen, aneinander ab, um wieder weiter zu wirbeln. Hier kommt es auf die Leichtigkeit der Berührung an, auf das kaum fühlbare Abstoßen und luftige Weitergleiten.

Vogeltanz

Die Tänzerinnen bewegen ihre Arme wie Vogelschwingen. Sie bilden nach anfänglichem freien „fliegen“ eine Vogelschar, die sich gemeinsam im Wind – dynamisch strömend – vorwärts bewegt.

Vom Winde berührt

Eine Teilnehmerin spielt den Wind, die anderen stehen still. Die „Wind-Frau“ wirbelt nun zwischen den Stehenden herum und berührt sie leicht. Sie gehen dieser Berührung nach und lassen den Körper leicht auf sie reagieren. Jede Teilnehmerin lässt sich vom Wind bewegen, wie sie es will und die „Wind-Frau“ bewegt, wie und wen sie mag.

Luft-Wunsch-Tanz

Die Gruppe bildet einen Kreis. Jede Frau formt einen Satz an die Luft. Er kann bittend sein: „Luft, schenke mir deine Leichtigkeit,“ dankend: „Danke für deine Klarheit,“ gebend: „Ich schenke dir meinen Tanz,“ oder feststellend sein: „Du bewegst mich auf und ab.“ Eine Frau spricht den Satz ihrer Wahl in der Mitte des Kreises. Dann löst sie die nächste Tänzerin ab. Die anderen Teilnehmerinnen begleiten die Sprecherin mit luftigen Bewegungen. Der Tanz endet mit einer Verbeugung im Kreis.

Das Wasser

Das Wasser wird in der indianischen Tradition dem Süden zugeordnet. Es ist weiblich und versinnbildlicht die Welt der Gefühle, das ständige Strömen und Fliessen, Harmonie, Vertrauen und Wachstum.
Wasser ermöglicht Bewegung, es fließt aus eigener Kraft. Das Wasser der Erde reagiert unter anderem auf die Energie des Mondes, des Windes und der Temperatur. Wasser berührt alles, es dringt in Tiefen ein und kehrt im Kreislauf zu seinem Ursprung zurück.
Die Tierkreiszeichen Fische, Krebs und Skorpion gehören dem Wasserelement an. Menschen, deren Persönlichkeit von diesem Element gekennzeichnet ist, „fließen" durchs Leben. Sind die Barrieren noch so stark, es findet sich immer ein Weg, eine Lücke, um weiterzuströmen. So wird auf nichts beharrt, sondern berührt, gespürt, weitergeflossen.
Sensibilität, Liebe, Nähe, Hingabe, Loslassen, Anziehung, Verletzlichkeit, Geborgenheit, Mütterlichkeit, Mitgefühl, Vertrauen und eine emotionale Sexualität können dem Wasserelement zugeordnet werden. Menschen, die zu wenig diese Energie haben, können gefühlsarm, hart und rigide werden und keine Empfindungen mehr zulassen.
Hier kann es helfen, das morgendliche Duschen zu einem Ritual werden zu lassen. Du kannst dir unter der Brause vorstellen, unter einem Wasserfall zu stehen, wo das Wasser an dir heruntergurgelt, dich liebkost, heilt, berührt, belebt und erfrischt. Tatsächlich reinigt

das Wasser nicht nur den Körper von innen und außen, sondern auch die Aura. So bekommt der Brauch der Taufe wieder seine Bedeutung. Durch Untertauchen und auch durch Duschen werden Schlacken geistiger und materieller Art entfernt. Das Alte fließt weg – Neues kann kommen.

Einzel- oder Gruppentanz: ***Mit dem Wasser strömen***

Für diesen Tanz eignet sich unter anderem die Musik des 1. Rhythmus von Gabriele Roth, das „flowing". Bereite deinen Tanzplatz vor. Lege eine fließende Musik auf und wärme dich auf. Stelle dich mit leicht gebeugten Knien hin. Beginne mit einem sanften Hin- und Herschwingen, das sich in deinem Körper weiter entfaltet. Lasse deine Bewegungen ohne Ende sein, und sie ständig weiter strömen – sanft oder wild – aber im Fluss. Stelle dir vor, du seiest unter Wasser, würdest dort atmen und tanzen. Dein Körper bewegt sich geschmeidig im Strömen des Wassers. Du biegst dich hin und her, wedelst wie eine Wasserpflanze, lässt deinen Körper zu einer Welle werden, die sich im warmen Nass verströmt – fühle dich eins mit dem Wasser. Genieße das! Lasse deine Bewegungen wieder kleiner werden. Das Wasser wird zu einem See. Du stehst still. Danke oder – bade!

Tanzspiele für Gruppen

Die Welle

Die Gruppe teilt sich in zwei Hälften, die sich im Abstand in Reihen gegenüber stehen. Die eine Reihe steht still. Sie versinnbildlicht den Strand, während die andere Gruppe die Welle ist. Die Teilnehmerinnen fassen sich an den Händen, gehen in die Knie und laufen leicht gebeugt alle miteinander los. Die Reihe der Frauen, die „Wellenfront" läuft auf den „Strand" zu und bricht sich in der Gischt. Sie bleiben vor der zweiten Reihe stehen und gehen mit dem ganzen Körper und den Armen gemeinsam hoch – das Spritzen des Wassers. Nach dem Aufbäumen machen sie sich wieder klein und laufen rückwärts zurück. Nun ist die zweite Gruppe an der Reihe.

Wasserpflanze

Die Teilnehmerinnen bilden einen Kreis. Sind viele Tänzerinnen anwesend, werden kleine Kreise mit etwa fünf Personen gebildet. Alle tanzend wiegend nach sanfter Musik. Eine Frau löst sich, tanzt einmal im Kreis entlang und stellt sich dann – in Wellenbewegungen – in die Mitte. Die zweite Frau folgt. Sie stellt sich zu der ersten. Zusammen sollen sie eine Wasserpflanze bilden. Sind alle Frauen in die Mitte getanzt, können einige aufrecht stehen, andere sich am Boden wellenförmig bewegen. Das Bild der

Wasserpflanze wird ca. eine halbe Minute in leichter Bewegung gehalten, dann wird sie kleiner, „schläft“ ein.

Fließtanz

Alle Teilnehmerinnen tanzen frei. Dabei sollen sie sich sanft berühren, wenn sie sich begegnen und gleich „weiterfließen“. Die Bewegungen sollen ohne Ende weiterströmen.

Reaktionstanz

Die Gruppe bildet einen Kreis. Eine Frau läuft im Urzeigersinn im Kreis herum. Die Frauen, an denen sie gerade vorbeiläuft, erheben sich auf die Zehenspitzen und gehen dann – wenn sie vorbei ist – wieder runter. So entsteht im Kreis eine Welle. Dieses Spiel verfeinert die Sensibilität füreinander. Die „anstoßende“ Frau in der Mitte kann gewechselt werden.

Eine Welle finden

Die Teilnehmerinnen tanzen frei im Raum. Es wird spontan Kontakt miteinander aufgenommen. Wenn zwei Frauen sich im Tanz treffen, beginnen sie im Gleichklang mit den Füßen zu tanzen. Dann achten sie auf ihr Becken. Auch diese sollen sich miteinander strömend bewegen. Dann finden sich die Arme im gemeinsamen Fluss und zu guter Letzt tanzen beide Frauen harmonisch fließend miteinander. Jetzt wird weitergetanzt und eine neue Partnerin gesucht.

Die Erde

Die Erde ist die Grundlage unseres irdischen Lebens. Sie wird der Energie des Westens zugeordnet, ist weiblich und symbolisiert das Feste, Konstante, die Form, den Körper, das konkret Sichtbare. Die Erde ist fest und starr uns lässt aus sich heraus kaum Bewegung zu. Die Schwerkraft hält ihre Oberfläche fest. In Verbindung mit Feuer, Wasser und Luft wird die Erde fruchtbar, allein ist sie dunkel und langsam. Ihre Festigkeit gibt jedoch Halt, Sicherheit und Fundament. Die Tierkreiszeichen Jungfrau, Steinbock und Stier werden dem Erdelement zugeordnet. Sie leben gerne in festgelegten Strukturen und mögen es in der Regel, alt Bewährtes beizubehalten. Die Menschen, die im Einklang mit dem Erdelement leben, sind durch Kraft, Reichtum, Gesundheit, Genussfähigkeit und Dauerhaftigkeit gekennzeichnet. Ist der Einfluss der Erde zu groß, kann das zu Unbeweglichkeit, Enge, Körperblockaden, Festhalten oder Faulheit führen. Ein Defizit dieses Elementes äußert sich in mangelndem Realitätssinn, kaum spürbarem Körpergefühl, mangelnder Beharrlichkeit und Unfähigkeit zur Struktur. Bei beiden Extremen ist der Umgang mit der

Erde, sei es im Garten oder im Naturerleben eine Chance zur Harmonisierung. Bei mangelnder Zentriertheit oder Realitätssinn kann ein Aufenthalt in der Natur Wunder bewirken, ebenso bei Starrheit und Phlegma. In der Natur können wir uns selbst als Teil des irdischen Kreislaufs verstehen und betrachten und durch ihren Einfluss unser Wirken auf diesem Planeten verankern. Erde kann aber auch dem Rhythmus zugeordnet werden, dem Rhythmus der Jahreszeiten, des Tages und der Nacht und dem des Herzschlages, der die Bewohner der Erde verbindet. Die Erde und wir haben ein gemeinsames Schicksal. Solange wir hier sind, müssen und dürfen wir uns ihren Lebensbedingungen und Strukturen beugen. Zugleich schenkt sie uns eine Heimat, Reichtum, Sicherheit, unendliche Vielfalt und Schönheit. Wenn uns viele Pläne im Kopf herumspuken, die wir nicht verwirklichen, wenn wir uns fremd und unsicher fühlen und wenn wir verwirrt und ziellos sind, hilft uns die Verbindung mit der Erde. Kontakt mit ihr, unserer irdischen Mutter, ist nötig und wohltuend für beide Seiten. Folgendes Spiel bietet neben ausgiebigem Aufenthalt in der Natur eine Möglichkeit, uns mit der stabilisierenden Kraft der Erde zu verbinden.

Einzel- oder Gruppentanz: ***Sich mit der Erde verbinden***

Bereite deinen Platz heute besonders vor. Vielleicht hast du Steine von einem Spaziergang mitgebracht, schmücke deinen Ort damit oder mit anderen Dingen aus der Natur. Lege rhythmische, schwere Trommelmusik auf (G. Roth's zweiter Rhythmus: Staccato). Stelle dich barfuss auf den Boden und tritt mit beiden Füssen fest auf. Spüre die Festigkeit unter dir, diese Sicherheit. Berühre bewusst den Boden. Beuge die Knie und lasse die dichte Kraft der Erde in dein Becken gleiten. Beginne, es im Rhythmus zu bewegen. Dabei kannst du verschiedene Bewegungen ausprobieren: Du kannst

- Den Beckenboden anspannen und wieder loslassen
- Die Pobacken zusammenziehen und wieder lockerlassen
- Das Becken leicht nach hinten kippen und wieder nach vorn ziehen
- Das Becken hochziehen und wieder fallen lassen
- Den gesamten Körper im Rhythmus der Musik fallen lassen, kurz wieder aufrichten und wieder absacken lassen ...

Gib dich dem pulsierenden Rhythmus der Erde hin, spüre die Festigkeit, Dichte und Spannung in dir und lasse sie dann sacken – erdwärts. Breite nun die Arme aus, rund, als würdest du eine riesige Erdkugel um dich herum tragen, als würdest du sie als einen dicken, kugelrunden Mantel um dich haben. Tanze so mit ihr. Bewege dich so, als wärest du inmitten der Erde. Spüre ihren Halt und ihre Fülle und drehe dich mit der Erde, solange du magst. Hast du deinen Tanz beendet, setze dich nieder und bleibe dort sitzen. Erbitte gedanklich von der Erde ein Geschenk, vielleicht mehr Durchhaltevermögen oder ein höheres Einkommen, Gesundheit für deinen Freund oder Sicherheit bei Entscheidungen. Nimm dieses Geschenk nun sinnbildlich in deinem Becken an, als würde es sich dort ausbreiten. Spüre die Sicherheit der Wunscherfüllung in dir. Dann stehe auf, danke der Mutter Erde und versprich ihr ein kleines Geschenk. Tritt einen Schritt zurück, schüttele dich und gehe hinaus in die Welt. Vergiss nicht, dein Geschenk darzubringen. Das kann ein Dankesgebet sein, ein schöner Stein, ein Geldstück oder etwas von deinem Körper, das du draußen auf den Boden legst. Vielleicht ist es auch ein freundlicher Blick zu einen hässlichen, alten Menschen oder aufgesammelter Müll. Es gibt vieles zu geben – und zu empfangen.

Tanzspiele für Gruppen

Erdmännchen tanzen

Die Teilnehmerinnen laufen nach rhythmischer Musik im Raum umher. Sie spielen Erdmännchen, Gnome oder Zwerge im Wald, die in geduckter Haltung umeinander herumflitzen, sich ansehen, kurz berühren und dann weiterlaufen.

Bodentanz

Hier geht es darum, bei einem freien Tanz auf den Boden zu gleiten und dort weiter zu tanzen. Die Erde sollte viel mit dem Körper in Kontakt kommen, was durch Wälzen, Rollen, aber auch durch anmutiges Strecken oder Räkeln geschehen kann. Danach erheben sich die Frauen wieder tanzend, bewegen sich aufrecht weiter, um wieder auf den Boden zu gelangen.

Halt finden

Alle Frauen tanzen frei im Raum und begegnen sich dabei immer paarweise. Sie lehnen sich aneinander an und versuchen, beim Gegenüber festen Halt zu finden, bis sie entspannt aneinander lehnen. Dann trennen sie sich wieder und suchen eine neue Partnerin.

Schlagtanz

Die Tänzerinnen tanzen einen Tanz mit stark gebeugten Knien, dumpfen Sprüngen und nach unten weisenden, rhythmischen Beckenbewegungen. Dabei schlagen sie mit ihren Handflächen auf Boden, Wände, ihre Schenkel oder Po und auch leicht auf ihre Mittänzerinnen. Es entstehen dabei dumpfe, erdige Töne.

Die Statue

Alle Frauen tanzen mit eckigen, zackigen Bewegungen im Raum. Eine vorher bestimmte Person nimmt nach einiger Zeit eine starre Pose ein. Die Gruppe tanzt weiter, bis sich eine zweite Frau dazu gesellt. Sie berührt die schon erstarrte, in einer möglichst eckigen Geste und „klebt" an ihr fest, erstarrt auch. Nun folgen nach und nach die anderen Frauen, bis sich eine starre, bizarre Statue aus allen Frauen gebildet hat.
Ein Foto davon materialisiert das Geschehene und kann der Gruppe Stabilität schenken.

Das Feuer

Das Element Feuer wird dem Osten zugeordnet und ist männlich. Die Sonne, der Geist und das Licht zeigen weitere Aspekte seiner dynamischen unbändigen Natur. Feuer ist eine enthusiastische, rücksichtslose Energie, die sich – ständig verzehrend – wild zum Himmel aufbäumt. Das Feuer braucht Nahrung und erhält seine Macht durch das, was es verbrennt und zerstört. Ist der Brennstoff verbraucht, stirbt es. Die Feuer-Persönlichkeit besitzt eine stark entzündliche, unruhige Energie. Sie will sich frei und ungehemmt vergrößern und ausdehnen, braucht dafür aber Nahrung. Ist der Brennstoff aufgebraucht, sucht das Feuer nach neuem, um noch mehr zu verzehren und damit seine Lebensenergie zu erhalten. Das Streben des Feuers ist Expansion. Mehr Hitze, mehr Größe, mehr Macht, mehr Fressen – das Feuer lodert unruhig, ständig auf der Suche nach mehr. Es wirkt auf uns erhellend, ansteckend und erwärmend, ist jedoch in seiner eigenen Natur gefangen. In Verbindung mit Luft, Erde und Wasser, wird es äußerst segensreich, ja durch das Zusammenspiel aller Elemente entsteht erst unser irdisches Leben.

Löwe, Schütze und Widder sind in der Astrologie Feuerzeichen. Sie begeistern, entzünden, kämpfen, sind tätig und stark. Wenn wir mit unserer Feuerenergie im Einklang sind, sind wir aktiv, mutig, kräftig, können uns durchsetzen, drücken und frei aus, erleben eine dynamische Sexualität, sind wild, spontan, freudig, können lachen und feiern und haben eine gute Portion Lebensfreude. Ist zu viel dieser hitzigen Lebensenergie vorhanden, kann das zu Jähzorn, Unbeherrschtheit, Machthunger, Egoismus, Ungeduld und Dominanz führen. Hier ist es wichtig, Ventile zu finden, die diese Hitze entweichen lassen. Das kann Sport sein, natürlich auch Tanzen, Schreien, lautes Singen, Toben oder ähnliches. Ist die Hitze entwichen, können wir souveräner handeln. Wenn wir lethargisch, erschöpft und träge sind, vielleicht sogar feige, uns nicht durchsetzen können und an Minderwertigkeitsgefühlen leiden, kann uns Feuerenergie wieder zum Leben erwecken. Hier ist Wärme, rot-orange Farbgebung und Bewegung wichtig.

Einzel- oder Gruppentanz: ***Zur Flamme werden***

Heize dein Zimmer sehr warm, stelle eine Kerze auf und blicke in die Flamme. Schaue dir das Züngeln an. Bringe deine Hände in die Nähe der Flamme, um die Wärme zu spüren und auch die Hitze. Gehe ganz mit deiner Aufmerksamkeit in die Flamme hinein, verschmelze gedanklich mit ihr. Lege nun eine Musik auf, die sich im Rhythmus steigert oder eine wilde Musik mit vielen Trommeln (G. Roth's dritter Rhythmus: Chaos). Stelle dich mit leicht gebeugten Knien hin und visualisiere die Flamme in deinem Bauchbereich. Bewege dich frei wie du magst und lasse sich die Flamme in deinem Bauch ausdehnen. Sie wird größer in deinem Körper und erfüllt dich mit ihrer erhellenden, belebenden und wärmenden Kraft. Das Feuer in dir breitet sich weiter aus, dein Körper folgt ihm mit seinen Bewegungen. Du wirst angesteckt von dem Züngeln der Flamme, von der dichten Helligkeit, von der kraftvollen Stärke. Tanze diese expandierende Kraft. Lasse sich die Flamme gedanklich über deine Körpergrenze hinaus ausdehnen. Tanze diesen warmen, lebendigen. leuchtenden Raum in dir und um dich. Vielleicht wirst zu in deinem Tanz selbst zur Flamme. Genieße das Ausdehnen, das Strahlen, die Faszination, die von dir ausgeht. Deine Hände können die Lichtfunken verstreuen und den Glanz vermehren. Hat dein Feuer seinen Höhepunkt erreicht und du genug von dem Genuss der strahlenden Helligkeit, lasse die Flamme wieder kleiner werden, bis in deine Körpergrenzen hinein und weiter bis in deinen Bauch. Spüre nun dort die Kraft der kleinen, munteren Flamme, die dort wacht und lebt. Lege die Hände schützend auf deinen Bauch. Dort bewahrst du deine begeisternde Kraft, diese Stärke, die jederzeit strahlen und expandieren kann. Hier bewahrst du den leuchtenden Schatz deiner innern Sonne. Lasse deinen Tanz ruhig werden und beende ihn mit einem Dank.

Tanzspiele für Gruppen

Flammentanz

Die Teilnehmerinnen stehen mit leicht gebeugten Knien im Kreis. Sie beginnen, nach rhythmischer Trommelmusik, Knie, Oberschenkel und Po nach oben und wieder nach unten zu bewegen. Es entsteht ein langsames Auf- und Abwackeln aus den Knien heraus, was dem Züngeln und Zittern einer Flamme gleichen könnte. Die Bewegung wird stärker, bis die Tänzerinnen wild auf- und abschütteln und dabei ihre Arme in die Luft werfen. Ist das Feuer richtig groß und wild, schrumpft es wieder. Die Tänzerinnen werden wieder kleiner in ihren Bewegungen, bis sie wie eine ganz kleine, ruhige Flamme sind, still und sanft. Nun kann – nach Bedarf – das Aufflammen und damit auch die Bewegung wieder von Neuem beginnen.

Das Züngelspiel

Die Tänzerinnen bewegen sich frei im Raum. Nach schneller Musik beginnen sie, viele kleine Schritte zu setzen und dabei so schnell wie möglich durch den Raum zu trippeln, auf Zehenspitzen oder auf dem ganzen Fuß. Dadurch beginnt auch der Körper wie eine Flamme zu flackern. Die Hüften und die Arme werden nun abwechselnd zur Seite gehoben, gestreckt oder geworfen. So entstehen wild züngelnde Figuren, die aneinander vorbeihuschen, sich umzüngeln und wieder weiterlaufen. Dieses Spiel erfordert Kondition und Beweglichkeit und sollte daher nicht länger als drei Minuten gespielt werden.

Einander anstecken

Die Tänzerinnen bilden zwei Gruppen. Eine Gruppe spielt das Feurige, das anstecken und begeistern will, die andere spielt, müde lethargische Personen. Die Gruppen stellen sich in einigem Abstand in Reihen voreinander auf. Die „feurige" Gruppe geht nun tanzend auf die andere zu und versucht, sie mit wilden, einnehmenden Bewegungen zu entfachen. Langsam lassen sich die „Müden" anstecken und beginnen, zunächst mit kleinen Bewegungen, die immer größer werden, mit dem Tanz. Das Feuer überzeugt letztendlich und animiert die anderen zu kraftvollem, tänzerischem Ausdruck. Ist dies gelungen, geht die erste Gruppe zurück und die Rollen werden getauscht.

„Feuertanz“

Das Feuer verbreiten

Die Gruppe stellt sich im Kreis auf und beginnt, sich nach Musik zu bewegen. Die Teilnehmerinnen stellen sich einen runden Feuerball vor, der aufweckende, ansteckende Wirkung haben soll. Eine Tänzerin nimmt diesen visualisierten Feuerball in die Hände und wirft ihn symbolisch ihrer Nachbarin vor die Füße. Diese beginnt, von der Glut des Balles entzündet, mit den Füßen wild zu tanzen. Sie lässt diese heiße Energie in sich aufsteigen und tanzt dann begeistert mit Becken, Brust und Armen, mit denen sie den Ball an ihre Nachbarin weitergibt, indem sie ihn dieser wieder vor die Füße wirft. Die Nachbarin tanzt wieder wild mit den Füßen und – aufsteigend mit Becken, Bauch, Brust und Armen, bis auch sie den Feuerball weitergibt ...

Lebendige Glut

Die Frauen hocken frei im Raum. Sie machen sich klein in ihren Bewegungen, umfassen ihre Knie und glühen still aber lebendig pulsierend vor sich hin. Eine Tänzerin beginnt nun laute Luftgeräusche zu machen (uhuhuhuhu, huiui oder ähnliches). Bei diesem Geräusch „plustern“ sich die am Boden kauernden Frauen auf, werden in ihrer Bewegung feuriger, lebendiger, massiver - glühen und leuchten. Verflachen die Windgeräusche, wird die Bewegung wieder kleiner, die Glut sinkt in sich zusammen – bis die nächste Tänzerin ihre Windgeräusche anstimmt.

9. Tanzsymbole

Der Kreis

Im großen Kreise stehen wir,
die Füße fest am Boden.
Was wir woll´n, gelingt uns hier,
weil wir aufgehoben.
Rechts und links die Schwestern,
Freude um uns her.
Was wir jetzt erbitten,
findet Ursprung hier.
Denken an die Kinder,
an die Alten,
an das Meer,
sehen Sternenwelten,
fern gelenkt von hier.
Wir, die Frauen, halten uns ganz fest,
Liebe soll erblühen hier bei unserem Fest.
Liebe –
pochend strömt sie ein und aus, ergießt sich über
Fluren, pocht an verschloss´nen Türen, erreicht die
Stadt, die Wälder – ist überall und taut uns auf, die
Pforten offen, das Herz zu Haus´.
Komm, fass mich an und halt mich feste ...
ich, du und meine Schwester.

Der Kreis ist die wohl älteste Tanzform der Welt. Die Umrisse von Sonne und Mond, die seit Urzeiten als heilige Zeichen am Himmel gesehen werden, dienen hier als Grundlage. Der Kreis ist das Symbol der Ganzheit und der Unendlichkeit, da er ohne Anfang und ohne Ende ist. Die sich immer wiederholenden Kreisläufe der Natur, die Form von Blüten, Früchten und Planetenumlaufbahnen zeigen den Kreis als harmonisches, ausgewogenes Symbol.
Wenn wir im Kreis tanzen, ist jede Tänzerin gleich weit vom Mittelpunkt entfernt. Dies symbolisiert die Gleichheit. Der Kreis fordert auch das Zusammenspiel der Teilnehmenden, da nur durch das Einhalten der Kreislinie der Tanz seinen vorbestimmten Verlauf nehmen kann. Der Mittelpunkt des Kreises ist ein heiliger Ort, der früher den Gottheiten vorbehalten war. Sollen Kreistänze heilende Wirkung auf uns haben, sollte der Mittelpunkt auch „geheiligt" und geweiht werden, was durch das Aufstellen einer Kerze, das Hinlegen von Blumen, Steinen oder einfach als Gedanke oder gesprochene Worte geschehen kann, die als heilendes Mittel in die Mitte gestellt werden.
Kreistänze haben etwas Umgrenzendes, Bewahrendes, Einschließendes. Alle Teilnehmerinnen können sich sehen. Die Einheit des Kreises wird durch gleiche Bewegungen unterstrichen. Zudem hat der Kreis auch schützende Funktion. Wenn wir uns unsicher und verletzlich fühlen und uns dann einen hellen Schutzkreis um uns vorstellen, hilft dies, Negatives

von uns fern zu halten und sicher „in unserem inneren Kreis“ zu leben.
In den alten Hexentraditionen wird der Frauenkreis, in dem die Andacht abgehalten wird, gekennzeichnet und geweiht. Der innere Kreis wird dadurch zum Heiligtum. Wenn wir im Kreis tanzen, verbinden wir uns geschwisterlich miteinander und haben alle Anteil am Gefühl der Ganzheit und Vollkommenheit.

Einzel- oder Gruppentanz: ***Den Körper kreisen***

In diesem Tanz werden Kreise innerhalb des Körpers erfühlt und nachgezeichnet. Bereite deinen Tanzplatz vor, lege beschwingende Musik auf, wärme dich auf und beginne, mit deinem Körper Kreise zu ziehen: Die Füße gehen zunächst kleine Kreislinien auf deinem Tanzplatz, rechts und auch links herum. Stehe dann mit leicht gebeugten Knien still und beginne, dein Becken zu kreisen. Die Bewegungen können klein oder groß sein, ganz wie du es magst. Ziehe Kreise mit deinem Becken, rechts herum und links herum. Dann kreise deinen Bauch. Als kleine Hilfe stelle dir vor, du hättest in deinem Bauchnabel einen kurzen Schreibstift stecken, mit dem du dich vor eine Wand stellst und dort durch die Bewegung deines Bauches kleine Kreise an die Wand malst. Führe auch diese Bewegung rechts und links durch. Nun ist die Brust an der Reihe, waagerechte und aufrechte Kreise zu ziehen. Sieh auf den Punkt zwischen deinen Brüsten und schau zu, wie dieser leicht kreist.

Kreise deine Schultern, Arme und auch sanft deinen Kopf. Dann drehe dich ganz rechts und links herum. Dieses Spiel weckt den Körper wunderbar auf, harmonisiert ihn und lässt ihn mitschwingen im nie endenden Kreislauf des Lebens.

Einzel- oder Gruppentanz: ***Innen und Außen***

Die Gruppe stellt sich im Kreis auf. Die Hände der Teilnehmerinnen werden rechts und links seitlich vom Körper in Brusthöhe gehalten. Nun werden vier Schritte nach links gesetzt. Dabei werden folgende Sätze rhythmisch gesprochen oder auch nur gedacht:
„Ich empfange."
Es folgen vier Schritte nach rechts, die mit dem Satz:
„Ich gebe ab ..."
verbunden werden. Die nächsten vier Schritte werden zur Kreismitte hin gesetzt; sie werden mit dem Satz:
„Ich gehöre nach innen ..."
begleitet. Die nächsten vier Schritte gehen die Tänzerinnen rückwärts aus der Mitte mit sich ausbreitenden Armen zurück in die vorherige Kreisform. Sie werden begleitet von dem Satz:
„Ich gehöre zur Welt."
Nun beginnen die Schritte von vorn. Der Tanz kann nach gängiger Musik im Vier-Viertel-Takt oder auch ganz ohne Musik getanzt werden. Er symbolisiert in einfachster Weise den Rhythmus von Geben, Nehmen, Innen und Außen.

Einzel- oder Gruppentanz: ***Sich in Trance drehen***

Lege eine circa 15 Minuten dauernde, möglichst gleich bleibende Musik auf (Sufi- oder Trance-Tanz-Musik) und beginne, dich langsam und bedächtig zu drehen. Rechts und links herum, immer abwechselnd. Schalte deine Gedanken aus und gib dich ganz den Drehungen hin. Gehe in dich hinein und genieße deine Gefühle dabei. Nimm dir Zeit und Ruhe. Hast du dich genug gedreht, beende den Tanz, in dem du still stehst und eine Frage zu deinem Leben stellst. Die Antwort, die aus deinem Inneren hervorsprudelt, wird Weisheit besitzen!
Da bei diesem Tanz das Alltagsbewusstsein und die normalen Gedanken ausgeschaltet werden, kann unsere innere Weisheit, die immer in uns ist, zum Vorschein kommen und uns wertvolle Inspirationen liefern.

Die Schlange

Die Schlange ist in vielen Kulturen ein heiliges Symbol, wenn auch mit unterschiedlichen Bedeutungen. In der biblischen Schöpfungsgeschichte wird sie als unheilbringend dargestellt und sie ist in der Tat durch ihr Gift eine Todesbringerin. Gleichzeitig können mit ihrer Medizin auch Menschen geheilt werden, also ist sie lebensspendend zugleich. Da sie sich häutet, hat sie – symbolisch gesehen – die Gabe

des sich ständig erneuernden Lebens, die Gabe, Altes einfach abzustreifen und neu darunter hervor zu kommen. Da sie Leben und Tod bringen kann, ist sie auch ein Symbol der Weisheit, denn nur die Akzeptanz von beidem führt zu umfassendem Verständnis des Lebens. Die Schlange lebt auf dem Erdboden und wird daher auch Erdgottheiten zugeordnet. Zugleich ist sie sowohl männliches (Phallus) wie auch weibliches (Trächtigkeit) Sexualsymbol. Es gibt Liebeszauber, bei denen Frauen Schlangen als Schmuckstück tragen sollen, um Erfolg bei ihrem Auserwählten zu haben.
Im indischen Yoga symbolisiert die Schlage die heilige Kraft des Kundalini. Dabei gilt die Vorstellung, dass sich die göttliche, reine Kraft im menschlichen Körper höher entwickelt. Die Kundalini-Energie beginnt am unteren Ende der Wirbelsäule mit ihrem Aufstieg und schlängelt sich durch alle Energiezentren des Körpers hoch, welche dabei erleuchtet und erlöst werden.
Erreicht die Schlangenkraft das Kronenchakra, tritt völlige Erleuchtung ein. Yogis sind oft ein Leben lang damit beschäftigt, diesen Zustand zu erreichen.
Wenn wir Schlangenlinien tanzen, gehen wir sich windende Wege. Im Feng Shui gibt es die Weisheit, dass gerade Wege Energie entweichen lassen. Ein Wanderer auf geschlängeltem Weg ermüdet langsamer. In der Natur gibt es keine ganz geraden Linien, nur gewundene und geschlängelte Wege. So ist die getanzte Schlange eine natürliche Form der Wegbeschreibung.

Es geht hier nicht um das tänzerische Erreichen eines Zieles, sondern um den gewundenen Weg, der Tod und Leben und das Wissen darum beinhaltet.

Einzel- oder Gruppentanz: ***Die Schlange im Körper***

Bereite deinen Tanzplatz vor, lege leichte Musik auf und wärme dich auf. Stelle dich mit leicht gebeugten Knien hin und lasse langsam das Bild einer Schlange in dir aufsteigen. Erspüre deine Wirbelsäule und stelle dir diese als sich langsam windende Schlange vor. Bewege seine Wirbelsäule so, wie eine Schlange das tun würde. Unendlich lange kannst du dich so winden. Muskeln und Sehnen werden dabei gestreckt und massiert.
Lasse nun deine Arme sich wie Schlangen winden. Beginne mit der Bewegung aus den Schultern heraus. Deine Schlangenarme können sich wie Strahlen einer Sonne um deinen Körper bewegen. Hast du dich genug gedehnt, laufe zur Beendigung des Tanzes Schlangenlinien mit festen Schritten auf dem Boden.

Gruppentanz: ***Menschenschlange***

Die Gruppe bildet eine Schlange. Alle Frauen stehen dicht hintereinander und sollten darauf achten, diesen Abstand auch während des Tanzes zu halten. Die Anführerin, der „Kopf" der Schlange beginnt nun mit einer von ihr erfundenen Bewegung. Sie kann z. B. die Arme rechts und links über dem Kopf hin- und herschwingen, oder eine Hüfte rausschieben oder in die Knie gehen. Sie sollte die Bewegung einige Zeit gleich bleiben lassen, da der Rest der Schlange sie nachahmt. So bewegen sich alle Frauen genau so wie ihre Anführerin und folgen ihr durch den Raum. Ist in der gemeinsamen Bewegung Dynamik entstanden, geht die erste Frau nach hinten und schließt sich dort an, während die zweite Frau die Rolle der Anführerin übernimmt. Das Spiel endet, wenn alle Teilnehmerinnen den Kopf der Schlange gespielt haben.

Gruppentanz: ***Die Prozession***

Alle Teilnehmerinnen stellen sich hintereinander auf. Es sollte eine ruhige, tragende Musik gespielt werden. Die Tänzerinnen gehen gemessenen Schrittes mit aufrechtem Haupt und in würdevoller Haltung in geschlängelten Linien langsam durch den Raum. Die Anführerin führt die Prozession in einen gedachten „heiligen Raum“. Die Teilnehmerinnen stellen sich vor, sie würden, wissend um Leben und Tod würdevoll einen heiligen Raum betreten. Der Tanz endet mit einem kurzen, circa 10 Sekunden dauerndem Stillstehen. Die eigene Würde zu spüren und zu äußern ist sehr wichtig. So können wir unseren wahren, uns zugedachten Platz finden und die Würde eines Gegenübers erkennen.

Die Spirale

Die Spirale ist ein äußerst dynamisches Symbol, das in fast allen Kulturen der Menschheit vorkommt. Es kann, wenn wir der Spirale vom Mittelpunkt aus folgen, die Entwicklung des Lebens oder des Geistes zeigen. Das Leben breitet sich hier in kreisförmigem Rhythmus aus, um immer mehr zu expandieren und sich zu entfalten. Gehen wir den Weg zurück von außen nach innen in die Spirale hinein, so beginnt unser Weg mit allem, was wir im Leben sind und haben, mit allem, was wir sehen, hören, denken und fühlen. Je näher wir den Mittelpunkt kreisend umfahren, desto mehr wird unsere Wahrnehmung auf das Wichtigste fokussiert, desto mehr konzentrieren wir uns auf das Wesentliche und erreichen wieder das Zentrum. Das ist das Bild des menschlichen Lebens. Die Geburt ist hier der Mittelpunkt, der Kern der Spirale. Wir wachsen in vorgegebenem Rhythmus bis wir die Blüte, das Ausströmen, das sich Vervielfältigen erleben, die blühende Lebensmitte, um wieder, fokussiert auf das Zentrum, das uns hervorbrachte, den Rückweg anzutreten. Mit dem Tod beginnt dann die Neugeburt. In der Natur sind Spiralen in vielfältigen Variationen zu bewundern. Auch dreidimensionale Spiralen kommen vor in Wasserwirbeln, Spiralnebeln, Muscheln und Planetenumlaufbahnen, aber auch in Blüten, Wirbelwinden oder Schlingpflanzen. Spiralabbildungen ziehen die Blicke fast automatisch auf sich, vielleicht wegen ihrer dynamischen

Lebendigkeit. Die Spirale ist das Symbol für Tod und Leben, Zusammenziehen und Ausdehnen, Stille und Expansion. Die linksdrehende Spirale (gegen den Uhrzeigersinn) versinnbildlicht hier das Zurückgehen ins Zentrum, die Auflösung, den Tod, die rechtsdrehende, das sich entfaltende Leben, das Entwickeln, das aus sich Herausgehen.
Im Tanz kann diese Symbolik genutzt werden, um die lebensspendende Kraft der rechts herum drehenden Spirale zu erfahren und um Dinge, die wir in unserem Leben sterben lassen wollen, zum Mittelpunkt zurückzubringen, um dann, mit neuem Leben erfüllt, wieder daraus hervorzugehen.

Einzel- oder Gruppentanz: ***Die Spirale im Körper***

Bereite deinen Tanzplatz vor, wärme dich auf und lege schwingende Musik auf. Beginne nun, im Uhrzeigersinn mit deinen Füssen auf dem Tanzplatz eine Spirale abzuschreiten. Gehe erst größere Kreise, die immer enger werden, bis du im Mittelpunkt angekommen bist. Stehe dort still und beginne, dein Becken rechts herum zu kreisen. Ziehe zuerst kleine, dann größere und ganz große Kreise und lasse sie danach wieder kleiner werden, bis die Drehung deines Beckens fast endet. Gehe nun mit deiner Aufmerksamkeit langsam hoch in den Bauch. Fahre währenddessen mit der winzigen Drehung im Uhrzeigersinn fort. Lasse deine Bauchkreise langsam größer werden, so groß wie du magst, um sie dann wieder zu verkleinern, bis die

Drehung deines Bauches minimal ist. Nun magst du deine Kreise weiter „hochschrauben". Sie gehen ins leichte Kreisen der Brust über, das sich wieder vergrößert, bis der ganze Oberkörper rechts herum seine Kreise zieht, die wieder verebben, um durch den Hals in den Kopf aufzusteigen. Dieser dreht sich nun, bis auch hier die Kreise wieder kleiner werden. Bist du mit dieser getanzten Spirale oben an deinem Scheitelpunkt angelangt, kannst du sie, während du stillstehst, gedanklich weiter ins All senden, zurück zum Ursprung allen Lebens, zum Kern, zum Lichtpunkt. Beende den Tanz, indem du aus deiner Stille heraus wieder mit festen Schritten im Uhrzeigersinn eine Spirale läufst, die dich ins Leben oder in den nächsten Tanz entlässt.

Gruppentanz: **Altes und Neues**

Die Teilnehmerinnen überlegen gemeinsam, welche Dinge sie in ihrem Leben nicht mehr wollen, da sie ausgedient haben. Das kann Materielles sein, welches beengt oder behindert, ebenso aber auch schlechte Angewohnheiten, Denkweisen oder soziale Situationen, die uns schaden. Stellen wir uns vor, welches dieser alten, aufgebrauchten Dinge wir loswerden wollen. Wenn wir uns Mut wünschen, können wir die Angst ablegen, wollen wir Freiheit, können wir die einengenden Strukturen begraben, wünschen wir Anerkennung und Erfolg, lassen wir unser schlechtes Bild von uns selbst sterben.

Jede Frau überlege sich ihr eigenes Thema und was sie in ihrem Leben abgeben möchte. Die Tänzerinnen bilden nun eine lange Reihe, in der sie hintereinander stehen. Ihre Anführerin beginnt, langsam andächtigen Schrittes eine große Spirale zu beschreiten, die ihrer Mitte zustrebt. Alle Frauen denken während des Gehens in die Spirale hinein an das, was sie loswerden wollen. Die Anführerin geht so lange in die Mitte und tritt zum Schluss dort auf der Stelle, bis alle Frauen wie in einem Pulk dicht zusammenstehen. Gemeinsam gehen die Teilnehmerinnen in die Hocke, berühren mit ihren Händen den Boden und legen gedanklich und still das, was sie abgeben wollen, auf die Mutter Erde nieder, die dieses aufnimmt und verbrennt. Nach circa 20 Sekunden erheben sich die Frauen gemeinsam, strecken ihre Hände zum Himmel empor und denken daran, dass sie nun Neues empfangen und zwar genau das, was sie brauchen. Jetzt beginnt die vormals letzte Frau den Weg aus der Spirale hinaus zu beschreiten, langsam und andächtig. Die anderen folgen und denken während des Gehens daran, dass sie jetzt wundervolles Neues erwartet. Steht die Reihe wieder an ihrem Ausgangspunkt, endet der Tanz mit einer Verbeugung und einem inneren Dank.
Variation: Wird in der Natur die Spirale mit Steinen ausgelegt, vergrößert sich ihre energetische Wirkung. Weihe sie dafür! (Seite 24).

10. Heilungstänze

Gemeinsam tanzen

Wenn wir uns ins Gruppen zum Tanzen zusammenfinden, haben wir die Chance, unsere Energien zu bündeln und damit gemeinsam sehr stark zu werden. Jesus sagte: „Wenn sich Zwei in meinem Namen treffen, so bin ich mitten unter euch." Schon das Zusammenfließen der Energie zweier Menschen bietet große Möglichkeiten, gemeinsam zum Wohle aller äußerst kraftvoll zu wirken. Es gibt Berichte über Menschen, die in Zirkeln für Kranke beten und dabei beachtliche Erfolge erzielen. Es ist auch erwiesen, dass Gebet, also die Hinwendung zum Allumfassenden, den Körper beruhigt, Schmerzen lindert und seelisches Gleichgewicht hervorruft. Die gebündelte Kraft aller Frauen im Kreis kann Wunder bewirken. Es täte uns aber gut, die Wunder im Kleinen sehen zu lernen. Es müssen nicht immer Blitze am Himmel zucken oder Lichtwesen erscheinen. Wunder geschehen auch im Kleinen. Auch Heilung geschieht schrittweise. So können immer mehr und mehr Anteile von uns geheilt (geheiligt) werden. Heilsein tritt ein, wenn die Organe im Körper kooperativ zusammenarbeiten. Krankheit entsteht erst, wenn dieser Kreislauf, diese Zusammenarbeit gestört oder unterbrochen wird (Unfall, Blockade, Ungleichgewicht). Diese Weisheit

können wir auch für die Welt anwenden. Arbeiten alle Völker und Wesen kooperativ zusammen, herrschen Friede und Gesundheit. Jeder gibt ab, was er zuviel hat und erhält, was er braucht. Das entspricht unseren gesunden Körperfunktionen. Um dies zustande bringen zu können, müssen wir aber unsere Bedürfnisse kennen und die der anderen achten. Das geschieht durch Zuwendung, durch Liebe.
Liebe lässt uns uns selbst und die anderen erkennen.
Verbundenheit lässt alle unsere Organe und Wesen der Erde kooperativ zusammenarbeiten.
Gesundheit tritt ein durch liebevolles Zusammenspiel aller Organe und Wesen.

Heilungstänze zum Thema Liebe

Einzel- oder Gruppentanz: ***Tanz für die Erde***

Die Teilnehmerinnen überlegen gemeinsam, was die Erde von ihnen brauchen könnte. Sie gibt täglich ihre Gaben an uns ab und verdient es, auch einmal etwas zurück zu bekommen. Die Erde ist ein lebendiger Organismus und reagiert auf Zuwendung wie jedes Wesen. Was also können wir ihr schenken? Vielleicht einfach unseren Respekt oder unsere Bewunderung, vielleicht auch liebevolle Zuwendung in Form von Pflege oder Einsatz bei einer Umweltorganisation. Vielleicht können wir ihr ein Lied singen oder einfach unsere Aufmerksamkeit schenken. Hat jede Frau ein Geschenk erwählt, beginnt der Tanz. Die Tänzerinnen bewegen sich nach rhythmischer Musik frei im Raum während sie die Arme zum Himmel empor strecken und gedanklich darum bitten, dass ihre Gabe Kraft erhalten möge. Alle tanzen so frei mit erhobenen Armen, die langsam gesenkt werden, während die Kraft des Himmels durch den Körper strömt. Sind alle Arme gesenkt, stampfen die Frauen in möglichst gemeinsamem Rhythmus mit den Füßen und finden sich langsam zu einer Schlange zusammen. Die Schlange der Frauen schließt sich zum Kreis, wobei jede Teilnehmerin sich einbringen muss, um während des rhythmischen Stampfens ihren Platz im Kreis einzunehmen. Ist dieser geschlossen, gehen die Tänzerinnen langsam in die Mitte und hocken sich hin. Die erste beginnt nun, beide Hände mit den Handflächen nach unten auf den Boden zu legen. Sie legt hiermit symbolisch ihre Gabe auf die Erde und summt dabei. Nun ist die zweite Frau an der Reihe, die ebenfalls ihr Geschenk ablegt und in das Summen der ersten einstimmt. Das geschieht so lange, bis der ganze Frauenkreis summt. Alle erheben sich nun gemeinsam, fassen sich an den Händen und gehen rückwärts summend in den Ausgangskreis zurück. Dort stampfen sie noch ein paar Mal fest auf und beenden den Tanz mit einer Verbeugung. Die Wirkung wird vergrößert, wenn in der Natur getanzt wird.

Einzel- oder Gruppentanz: ***Das innere Kind wachtanzen***

Alle Teilnehmerinnen tanzen nach wilder Musik frei im Raum. Sie achten dabei nicht auf die Schönheit ihrer Bewegung, sondern bewegen sich einfach ungehemmt, so wie es aus ihnen heraus will. Nach circa 3 bis 5 Minuten, wenn das Musikstück beendet ist, setzen sich die Teilnehmerinnen still auf den Boden. Sie atmen tief und entspannen sich nach dieser Anstrengung. Der Atem wird nun Zug um Zug in den Unterbauch gelenkt. Die Teilnehmerinnen stellen sich nun vor, dass hier im Gebärmutterraum ein kleines Kind wohnt. Es kann ein Baby oder auch schon älter sein. Dieses Kind soll gespürt werden. Wie fühlt es sich? Empfindet es etwas? Vielleicht kann dort ein Wesen erahnt werden, ein kindliches, unschuldiges Wesen. Sobald ein Gefühl dafür aufgebaut wird, fragt jede Frau ihr „inneres Kind“, was es von ihr braucht und lauscht auf die inneren Worte. Die erste Antwort sollte angenommen und in Erinnerung gehalten werden. Das innere Kind symbolisiert unsere unverbaute Psyche, die unschuldig in uns lebt. Durch die Hinwendung und Kontaktaufnahme können Urbedürfnisse erkannt werden, die wir uns jetzt als Erwachsene selber erfüllen können. Die Antwort des inneren Kindes kann im nächsten Tanz in Bewegung ausgedrückt werden.

Gruppentanz: **Geben und Nehmen**

Ob wir uns als arm oder reicht betrachten, ist eine Frage unserer Sichtweise, nicht die nach dem Geldbeutel. Reich ist, wer etwas zu geben hat. Und das wirklich Wertvollste auf der Welt gibt es umsonst. Es gibt vieles, was uns reich macht, was wir oft übersehen oder vergessen. Jede von uns verfügt über viele Reichtümer, über ihren Körper, Material, Freundschaften, Charaktermerkmale oder Fähigkeiten, die sie auszeichnen und reich machen. Es liegt an uns, ob wir diesen Reichtum sehen und anerkennen.

Der Tanz beginnt damit, über eigene Reichtümer nachzudenken. Die Frauen bilden einen Kreis. Es wird eine möglichst durchgehende, beschwingte Musik gespielt und die Teilnehmerinnen beginnen, sich mit leicht gebeugten Knien aus dem Becken heraus zu wiegen. Jede denkt dabei an all das, was sie im Leben geschenkt bekommt, hebt immer wieder ihre Arme und lässt sie, die Hände in Schlangenbewegungen an ihrem Körper herabgleiten. Diese Bewegung der Hände soll symbolisieren und andeuten, dass ganz viel Reichtum von außen auf uns zukommt. Nach circa 2 Minuten werden die Hände in stillen Gesten überall an den eigenen Körper herangelegt, was den Reichtum in jeder Frau selbst darstellt. Dabei werden die Gedanken auf die inneren Schätze gelenkt, nicht nur in Form von positiven Aufzählungen, sondern auch in Form des Gefühls, an einen wertvollen, bewahrenden, funkelnden

Schatz, der in unserem Herzen wohnt, egal, was wir tun. Die Gesten der Hände bringen uns auch in Kontakt mit unserem eigenen Körper und zeigen an, wieviel Wert allein schon im lebendigen Vorhandensein in uns liegt. Nach diesen Tanzbewegungen löst sich eine Frau und tanzt im Kreis eine Runde, wobei sie den anderen Teilnehmerinnen, und zwar jeder einzelnen an der sie vorbei tanzt, ihre Bewegungen „schenkt". So widmet sie jeder Frau ein oder zwei Tanzgesten, die sie einfach aus sich herauskommen lässt, ohne Anspruch auf Perfektion. Ist ihre Runde beendet, stellt sie sich in die Mitte und schließt die Augen. Alle Frauen fassen sich nun an den Händen und verengen den Kreis. Die Frau in der Mitte beginnt nun, sich sanft zu drehen. Die Frauen im Kreis stützen und berühren sie dabei leicht, damit sie trotz geschlossener Augen sicher ist und sich wohl fühlen kann. Dabei werden ihr liebe Wünsche oder Komplimente ins Ohr geflüstert. Die Frau in der Mitte übe sich darin, all die liebevolle Aufmerksamkeit der Gruppe auch anzunehmen. Die nächste Frau des Kreises, die an der Reihe ist, (die Reihenfolge wird vorher bestimmt), bleibt bei der in der Mitte, heißt sie die Augen öffnen und leitet sie an ihrer Hand an ihren alten Platz zurück. Nun ist sie an der Reihe, den Teilnehmenden ihre Bewegungen zu schenken. Haben alle Frauen einmal getanzt, wird mit einer Verbeugung geendet. Jede Teilnehmerin hat nun ihren eigenen äußeren Reichtum gesehen, ihn in sich selbst gespürt, anderen etwas gegeben und Vieles geschenkt bekommen!

Tänze für die Verbundenheit

Einzel- oder Gruppentanz: ***Die vier Hautfarben ehren***

Bei diesem Tanz werden typische Bewegungssymbole der gelben, roten, schwarzen und weißen Menschen hintereinander getanzt. Dadurch wird die Verschiedenartigkeit der Völker geehrt und gewürdigt. Lege rhythmische Musik auf, wärme dich auf, entspanne die Knie und beginne den Tanz mit der Bewegung für die gelbe Rasse. Die Chinesen trugen unter anderem traditionelle Gewänder mit überlangen Ärmeln, die fast einen Meter über das Handgelenk hinausgehen. Tanze in dieser ersten Bewegung mit den Armen so, als trügest du solche langen Ärmel. Die zweite Bewegung stellt eine Pose der roten Rasse dar. Der rechte und danach der linke Arm werden mit ausgestreckter Hand stark nach oben gestreckt. Sind beide Arme oben, wird das Becken hochgezogen und wieder losgelassen, so dass eine kleine auf- und ab-Bewegung des Beckens entsteht. Die dritte Tanzbewegung soll die schwarze Rasse symbolisieren. Stell dich dabei mit leicht gebeugten Oberkörper hin und stoße dein Becken rhythmisch, aus den Knien heraus, vor und wieder zurück. Die Arme schwingen dabei in Beckenhöhe mit. Als vierte Bewegung folgt die der Weißen. Es werden mit den Füssen viele kleine Trippelschrittchen gesetzt, ähnlich dem Ballett. Dabei sollen die Arme in graziösen Bewegungen seitlich und oberhalb des Körpers bewegt werden. Diese vier

Bewegungen werden immer nacheinander wiederholt, bis die Musik endet. Sie können im Takt getanzt werden, indem bei jeder Bewegung bis vier gezählt und dann gewechselt wird. Im Einzeltanz kann das Tempo frei gewählt werden.

Einzel- oder Gruppentanz: ***Den gemeinsamen Rhythmus finden***

Alle Teilnehmerinnen stehen im Kreis. Es wird harmonische, rhythmische Musik gespielt, die etwa 12 Minuten dauern sollte. Der Tanz kann aber auch ohne Musik getanzt werden. Alle Frauen stellen nun den rechten Fuß ein wenig vor und beginnen, indem sie das Gewicht vom rechten auf den linken Fuß verlagern, sanft mit leicht gebeugten Knien vor- und zurück zu schwingen, dem Rhythmus der Musik angepasst. Nun beginnen die Tänzerinnen, ihren Blick zu erweitern. Sie schauen nicht mehr weiter gerade aus in eine Richtung, sondern versuchen, den gesamten Kreis wahrzunehmen. Wir können, wenn wir nicht zielgerichtet sehen, einen großen Radius um uns herum wahrnehmen. Aus diesem Blickwinkel heraus versuchen nun die Frauen, einen gemeinsamen Rhythmus des Vor- und Zurückschwingens zu finden, was unterschiedlich viel Zeit in Anspruch nehmen kann. Ist das gemeinsame Vor und Zurück gefunden, sollte die Bewegung einmal kräftig anschwellen und wie wilde Wellen aufbrausen, um dann wieder sehr langsam ruhiger zu werden. Jetzt reichen sich die immer noch im gemeinsamen

Rhythmus vor- und zurückschwingenden Frauen die Hände. Die rechte Hand soll hier als die gebende jeweils mit dem Handrücken nach oben gereicht werden, die linke wiederum mit dem Handrücken nach untern, also wie eine Schale. Nun stellen sich die im Kreis leicht schwingenden Frauen vor, ein weißer, prickelnder, verbindender Lichtstrahl ströme durch die linke Hand ein und aus der rechten wieder aus. Jede Frau visualisiert, wie das weiße Licht von links nach rechts durch sie hindurchströmt, wie sie mit der linken Hand empfängt und mit der rechten gibt. Der Lichtstrahl strömt durch den gesamten Kreis von einer Frau zur anderen und verbindet alle miteinander. Jetzt stellen sich die Teilnehmerinnen andere Wesen vor, die mit in den verbindenden Kreis sollen. Eine Frau in dem Kreis beginnt zu sprechen: „Ich lade alle Kinder ein, mit uns zu sein." Die nächste sagt z. B.: „Ich rufe alle Schwachen und Kranken, sich zu uns zu gesellen." Die dritte Frau spricht z. B.: „Ich rufe alle Kriegsführer, an unserem Kreis teilzuhaben." Es ist wichtig, hier rundum einzuladen, vor allem diejenigen, die der Heilung bedürfen wie verirrte Wesen, aber natürlich auch mächtige, wie die Engel und die Naturgeister. Auch Tiere und Pflanzen, die Elemente, Gefangene und Helfer sollten nicht fehlen. Es gibt so vieles, mit dem wir in Verbindung treten können und hier auch sollten. Hat jede Frau einmal eingeladen, spürt der Kreis eine halbe Minute lang diese Verbindung. Dann stellt jede Frau einen strahlenden Punkt oben in der Mitte des Kreises vor. Von diesem Stern aus fließt Licht kegelförmig auf jede im Kreis herab. Alle Teilnehmer sind zusätzlich oben in der Mitte des Kreises in dem Lichtpunkt miteinander verbunden. Diese segensreiche Vorstellung wird noch ein wenig gehalten. Der Tanz endet mit einer Verbeugung. Wird er von einer Frau allein getanzt, können alle anderen Teilnehmer visualisiert werden.

Gesundheit ertanzen

Einzel- oder Gruppentanz: ***Der Wächter vor der Tür***

Bei diesem Tanz geht es um das Wahren der eigenen Grenzen. Für die Gesundheit ist es unerlässlich, sich um das eigene Wohlergehen zu kümmern. Viele Menschen fühlen sich gut, wenn sie sich um andere kümmern und vergessen dabei sich selbst. Das kann zu schweren Erkrankungen führen. Bei diesem Tanz wollen wir unseren Körper und die pulsierende Schicht drum herum spielerisch schützen, unsere Grenzen somit wahren üben und stark sein im Sichern unseres eigenen Schutzraumes.

Die Gruppe teilt sich dazu in zwei Teile. Eine Hälfte spielt Angreifer. Sie sollen in ihrem Tanz versuchen, die anderen zu stören. Sie dürfen diese natürlich nicht berühren oder ihnen wirklich zu nahe kommen. Sie sollen die zweite Gruppe provozieren, stören, anmachen. Die Teilnehmerinnen der zweiten Gruppe

visualisieren einen Schutzkreis um sich und versuchen, einen Anker innerer Stärke zu spüren. Ohne Bedauern und große Ausflüchte treten den Bedrängerinnen fest entschlossen entgegen und sichern ihre Grenzen. Die Hände und Arme eignen sich anfangs am besten dazu, die Störenfriede und Eindringlinge abzuwehren. Im Verlauf des Tanzes können dann auch das Becken, die Füße und die Augen dazukommen. Nach drei bis fünf Minuten werden die Rollen getauscht, was beliebig oft geschehen kann.
Nach dem Tanz können bei Bedarf im Sitzkreis die Erfahrungen ausgetauscht werden. Es mag für manche Frau schwierig sein, anzugreifen, oder – was häufiger vorkommt – sich ohne Entschuldigungen oder Schuldgefühle zu verteidigen. Wir sollten lernen, unsere Bedürfnisse, Gefühle und unser innerstes Selbst zu respektieren, zu achten und auch zu verteidigen gegen Eindringlinge. So bleiben wir gesund!
Auch als Einzeltanz ist die Wirkung dieser Tanzübung groß. Wir können so sogar die tatsächlichen „Eindringlinge", also z. B. Vorgesetzte, Partner, Verwandte usw. visualisieren und lernen, unsere Grenzen sicher und ohne Bedauern zu setzen.

Gruppentanz: ***Die Schwester gesund tanzen***

Bei diesem Tanz sollen ernste Schritte zur Heilung einzelner Frauen getan werden. Er ist um so wirksamer, je mehr alle Teilnehmerinnen an das Wunder der völligen Genesung glauben. Es können sich Frauen aus

der Gruppe melden, die an ernsthaften Problemen gesundheitlicher oder seelischer Art leiden.
Die erste Frau, die an der Reihe ist, tritt in die Mitte des Kreises. Es wird eine sanfte, angenehme Musik (Meditationsmusik) gespielt. Mit geschlossenen Augen denkt sie an das, was in ihr geheilt werden möchte. Sie sendet eine Bitte aus, in der sie still für sich um die Heilung ihres Problems bittet. Der Rest der Gruppe beginnt, sanft zu tanzen und stellt sich die in der Mitte stehende Frau in blühender Gesundheit vor. Alle ihre Probleme sind gelöst, sie erstrahlt in vollkommender Gesundheit. Die Gruppe stellt sich die mittlere mit einem strahlenden Lichtschleier geschmückt vor, der sie umhüllt und versorgt und erstrahlen lässt. Die im Kreis tanzenden zaubern der in der Mitte in ihrer Vorstellung ein erfülltes Lächeln ins Gesicht und Sterne über die Stirn. Sie stellen sich die Mittlere als völlig vital, begeistert und gesund vor. Diese beginnt nun, sich in der Mitte des Kreises zu drehen und mit halb geschlossenen Augen all diese Gesundheit einströmen zu lassen. Fühlt sie sich wirklich satt und wohl, dankt sie im Stillen und tritt wieder in den Frauenkreis zurück. Nun ist die nächste an der Reihe, die glaubt, diese Behandlung nötig zu haben. Die Heilung kann jetzt geschehen.
Es kann auch sein, dass sie sich erst später manifestiert. Die Vision der völligen Gesundheit, des Heilseins ist mächtig. Je mehr sie sich im Inneren verankert, desto eher tritt sie im Äußeren ein.

11. Getanzte Geschichten

Ins Geschehen eintauchen

Geschichten können uns Zugänge zu verborgenen Schichten unserer Selbst bringen. In Geschichten werden Stufen von Entwicklungen erzählt, die uns Weisheit vermitteln können. In den von mir entwickelten Tanzgeschichten spielen wir selbst die Hauptrolle, indem wir die verschiedenen erzählten Szenen darstellen, uns in sie hinein versetzen und durch die gemachte Erfahrung bereichert werden. Eine Geschichte zu tanzen kann wie ein Einweihungsweg sein oder wie eine Reise in eine andere Welt. Ich benutze farbiges Licht, um die Stimmung im Raum der in der Erzählung anzugleichten. So wirkt der Tanz noch mystischer. Je tiefer wir uns auf die erzählten Stufen einlassen, desto mehr werden wir erfasst und erfahren diese Tanzreise als eine außergewöhnliche Erfahrung, die uns tiefe Einsichten vermitteln kann. Da wir durch unsere Bewegung das Geschehen gestalten, erfahren wir die einzelnen Stufen der Geschichte mit Leib und Seele. Die so gemachten Erfahrungen dringen dadurch tiefer ein. Die Geschichten sind so aufgebaut, dass jede Tänzerin am Ende einen Schatz, einen Rat oder einen Verbündeten erhält, der die Frau stärken und heilen soll. Ich werde jede Geschichte erst erzählen und dann die einzelnen Tanzsequenzen stichwortartig noch einmal auflisten. Als Musik kann eine lang andauernde Meditations- oder Trancetanzmusik dienen. Noch schöner ist es, sich selbst eine Kassette zusammenzustellen, auf der die einzelnen Musikstücke passend zu den Energien der Szenen aufgenommen werden. Eine Frau sollte den Text zunächst ganz erzählen oder vorlesen und dann beim Tanz immer kurz in lauten Sätzen die jeweiligen Sequenzen ausrufen. Die Teilnehmerinnen versuchen dabei, die Erzählung von Anfang an tänzerisch umzusetzen. Dabei können sie sich immer wieder die jeweilige Szene vor Augen rufen, um sie lebendig zu erhalten. Wichtig ist, sich ohne Rücksicht auf das Resultat frei zu bewegen und sich trauen zu lernen, selbst die verrücktesten Bewegungen sicher zu vollziehen.

Das Erwachen

Nach langem Schlaf erwacht ein Mädchen. Sie reibt sich die Augen und blickt neugierig in die Welt hinein. Mit unschuldigen Augen bestaunt sie alles, was ihr begegnet. Sie ist offen und aufnahmebereit. Doch schon bald bekommt sie Einschränkungen zu spüren. Eltern, Lehrer und andere Erwachsene verbieten ihr den freien Selbstausdruck. Sie wird zurecht gewiesen und erhält Verhaltensregeln und Strafen. Aus Angst vor der Macht der Autorität zieht sich das Mädchen in sich zusammen, sie wird starrer und unbeweglicher.

Letztendlich ist ihr Leben von dieser Unbeweglichkeit gekennzeichnet. Es ist flach und kalt. Eines Tages sieht sie eine Frau wunderschön tanzen und eine tiefe Sehnsucht befällt das Mädchen. Sie empfindet Trauer darüber, dass sie selbst so leblos ist. Sie wünscht sich sehnlichst Lebendigkeit. Dieser Wunsch ist so groß, dass sie selber beginnt zu tanzen. Zuerst bewegt sie sich sehr zaghaft und unsicher, spürt ihre Kraft dann aber wachsen und wird immer stärker. Sie gewinnt an Sicherheit und findet sich selbst nun wundervoll. Jetzt tanzt sie wie eine Königin! Mit der Zeit glaubt sie so sehr an sich, dass ihr alle Anderen als minderwertig erscheinen. Alle können nicht das, was sie kann. Unser Mädchen ist die beste Tänzerin überhaupt! Doch es treten Schwierigkeiten auf. Es will ihr nicht jeder die volle Anerkennung geben, außerdem gibt es noch andere gute Tänzerinnen, gegen die sie kämpfen muss. Ihre Kraft, die langsam gewachsen war, wird jetzt für den Kampf um die gute Position eingesetzt. Unser Mädchen kämpft und streitet und fühlt sich dadurch zunehmend müder und leerer. Ihre Energie wird schwächer und verbraucht sich bei dem Versuch, sich zu behaupten. Sie erfährt Schmerz, ist unglücklich und horcht in sich hinein. Dort ist nichts und doch bemerkt sie langsam ein warmes, tiefes Gefühl. Sie spürt immer tiefer in sich eine gewisse Heiterkeit und unantastbare Ruhe, der sie sich hingibt. Sie erfährt Frieden mit sich selbst und vergisst ihren Kampf um die Macht. Die heitere ruhende Kraft in ihr lässt sie wieder beginnen zu tanzen. Sie tanzt diesmal nur für sich allein und so, wie es aus ihr heraus will. Es ist ein erfüllender Tanz, der ihr alles schenkt, was sie im Moment braucht. Sie ist sie selbst.

Die Tanzreise in Stichpunkten

- Aufwachen, Unbeschwertheit, Unschuld, Neugierde
- Einschränkungen, Erhalt von Verboten, langsame Erstarrung
- Starre, Kälte, Leblosigkeit
- Sehnsucht nach Lebendigkeit und Tanz, Trauer über eigene Leblosigkeit
- Tanzen, zaghaftes Beginnen, Wachsen der Kraft
- Königin, Selbstsicherheit, Strahlen, Überheblichkeit
- Kampf, Behauptung von Macht, Verbrauch von Kraft
- In sich gehen, Erspüren von Herzenswärme, innerer Frieden
- Selbstausdruck, Tanz aus dem Herzen, einfach nur sie selbst sein, Glück

Die Geschichte von den Geschenken

Eine Frau lebt traurig und allein in ihrem dunklen Zimmer. Sie sitzt dort schon sehr lange und fühlt sich völlig desillusioniert. Sie glaubt, alles, was sie eventuell tun könne, habe sowieso keinen Sinn. Sie sieht nichts mehr, keine Idee, kein Ziel, kein Lichtblick. Sie kostet diesen Zustand aus. Am Grunde ihrer Depression angelangt, erscheint es ihr plötzlich, als wäre es möglich, zu erwachen. Es muss möglich sein, wieder voll ins Leben einzutauchen, ohne Rücksicht auf das, was vorher war. Ganz neu beginnen, neue Ziele finden, vorwärts gehen. Sie steht auf, begibt sich auf den Weg und wandert eine Strasse entlang, immer weiter. Alles Alte lässt sie hinter sich. Nur weg, weiter, immer weiter. Da erreicht sie ein großes Tor, das genau vor ihr auftaucht. Was ist zu tun? Sie weiß, dass sie ihr altes Leben so nicht mehr will. Sie hat nichts zu verlieren und so steht sie dort und das Tor öffnet sich und sie tritt mutig und aufrecht hindurch. Sie betritt ein Wolkenland und wird leicht. Eine dicke Wolke kommt vorbei und nimmt sie mit. Der Wind erreicht sie und spielt liebevoll mit ihr und mit der Wolke. Sie freut sich über dieses Gefühl der Freiheit und tanzt mit dem Wind. Sanft wird sie abgesetzt auf einer Wiese, an dessen Rand ein Bach gurgelt. Sie tritt näher und hört das Wasser sprechen: „Ach komm doch und tanz mit mir!" Und sie steigt mit den Füssen in den Bach, bespritzt sich mit dessen Wasser und tanzt mit ihren Beinen in den plätschernden Wellen, inmitten von Wassertropfen. Welche Freude! Zufrieden steigt sie aus dem Wasser und läuft über die Erde – sieht Steine und Sand. Es ist eine trockene Landschaft. Hinter einer Felsformation kommen seltsame Erdmännchen hervor, die sie beobachten. Unsere Frau mag die staubige Erde und setzt sich nieder. Nun trauen sich die Erdmännchen aus ihrem Versteck hervor und purzeln, kugeln und springen näher an sie heran. „Bitte“, hört sie die Kleinen sprechen; „bitte, tanz für uns“. Und die Frau erhebt sich, stampft mit den Füssen auf die Erde und beginnt einen rustikalen Erdtanz. Als dieser beendet ist, setzt ihren Weg fort. Büsche und Bäume umgeben sie. Doch plötzlich riecht sie Rauch. Sie spürt, wie ein Feuer näher kommt. In der Ferne ist schon Feuerschein und knisternd und knackend nähert sich ein großes Feuer. Aus Angst beginnt sie zu laufen. Sie flieht und rennt davon, doch das Feuer ist schneller. Es erreicht sie in rasender Geschwindigkeit. Kurz bevor sie von den Flammen erfasst wird, hört sie im Prasseln des Feuers eine Stimme: „Ich verschone dich, wenn du mir deine Angst schenkst.“ Die Frau erschrickt, doch was soll sie tun? Sie bleibt stehen und erstarrt. Sie hat vor, alles zu geben, was verlangt wird und spürt, dass ihre Angst von ihr abbröckelt wie eine verkrustete Schale. Wie alter Putz von einer Statue bröckelt es und ein leichtes Gefühl breitet sich aus, die Angst fällt ab – bis sie dort steht – strahlend, angstlos, ruhig. Das Feuer hat sich zurückgezogen, die Frau ist frei. Sie steht wieder auf dem Weg, den sie weiter geht, bis sie wieder zu einem Tor kommt, welches aber verschlossen ist. Sie rüttelt an der Tür, doch dieses hält felsenfest. Rechts und links sind hohe Mauern, so pocht sie verzweifelt an und ruft: „Bitte lasst mich doch rein!“ Tief und ruhig hört sie eine Stimme antworten: „Wenn du einem anderen etwas Gutes wünscht, findest du Einlass“.

„Komm mit ins Wunderland“

Unsere Frau besinnt sich kurz und es fällt ihr ein, wem wie etwas wünschen könnte. Ja, sie wüsste sogar, wer ihre guten Wünsche dringend brauchen könnte. Langsam formt sie in ihrem Inneren die glückbringenden Worte und beginnt, aus vollem Herzen einen Tanz für den Bedürftigen zu tanzen. Da öffnet sich das Tor: Sie betritt ein prächtiges Land, ein Wunderland. Blüten, Bäume, bunte Vögel sind um sie her. Auf einer Lichtung sieht sie eine glänzende, weiße Kugel liegen. Erstaunt tritt sie näher. Sie beugt sich zu ihr herunter und will sie berühren, als sie wieder eine Stimme hört: „Sprich einen Wunsch und wenn du mich berührst, wird er in Erfüllung gehen." Unsere Frau besinnt sich kurz. Welcher Herzenswunsch von ihr sollte in Erfüllung gehen, damit ihr Leben endlich glücklich und harmonisch wird? Was braucht sie wirklich ? Sie formuliert ihren Wunsch und berührt die Kugel. Und siehe da – der Wunsch erfüllt sich sofort. Das, was sie wollte, ist da! Wissend um das, was ihr geschenkt wurde, beginnt sie einen Dankestanz und ist glücklich. Sie kehrt wieder nach Hause zurück und ist jetzt bereit für neue, nahe Begegnungen mit anderen.

Die Tanzreise in Stichpunkten

- Depression, Alleinsein, Dunkelheit
- Traum vom Erwachen, Hoffnung
- Beschreiten von neuen Wegen
- Tor – nichts zu verlieren – geht hindurch
- Tanz mit dem Wind

- Tanz mit dem Wasser
- Tanz für die Erde
- Feuersbrunst, Angst, Flucht
- Aufgeben der Angst
- verschlossenes Tor, Anklopfen
- Tanz für eine(n) andere(n)
- Durchgehen durchs Tor, Wunderland, Kristallkugel
- Wunscherfüllung, bereit für neue Begegnungen.

Die Frau und das Tier

Eine Frau fühlt sich nicht wohl. Sie ist unzufrieden, weiß aber nicht, warum. So überlegt sie hin und her, warum es ihr so schlecht geht. Eines scheint ihr sicher: Die anderen sind schuld. Sie redet schlecht über die Menschen in ihrem Umkreis und zeigt mit dem Finger auf sie: Diese Menschen tun ihr weh und sind die Verursacher ihres Unglücks. Doch je mehr sie schimpft und zetert, desto schlechter geht es ihr. Und langsam taucht ein Gedanke in ihr auf: Sie selbst ist die Verursacherin des Übels, sie selbst erntet nur, was sie zuvor gesät hat. Doch was macht sie falsch? Ja was macht sie überhaupt und was will sie? Will sie Geld, Sex, Karriere, Macht, Gott oder nur einfach leben? Sie ist ratlos und sucht nach ihrem Ziel. So macht sie sich auf den Weg und kommt zu einem großen Tor. Es ist ein großes, fremdes Tor und die Angst überfällt sie. Soll sie hindurchgehen? Was könnte dort alles passieren? Oder soll sie einfach sicheren Schrittes hindurchschreiten? Es entfacht sich ein innerer Kampf zwischen Angst und versuchtem Mut. Der Mut siegt letztendlich und unsere Frau durchschreitet das Tor. Sie kommt in eine heiße, trockene Wüste. Der Horizont ist weit weg, es gibt kein Leben um sie herum und sie scheint unentrinnbar verloren. Nichts ist zu sehen außer Steinen und Staub – doch da kommt der Wind und zupft sanft an ihrem Kleid. Er spielt mit ihrem Haar und kühlt sie angenehm, wird aber immer heftiger. Unsere Frau wirft sich auf den Boden! Der Wind zerrt und rüttelt an ihr. Es gibt kein Entkommen. Der Wind wird zum Sturm und drückt sie nieder. Da kniet sie nun voller Angst am Boden, verloren und ohne Hoffnung, als sie vor sich eine Blume sieht. Diese wächst dort einfach aus dem steinigen Boden und unsere Heldin empfindet einen Hoffnungsschimmer. Der Wind legt sich. Sie bestaunt das Wunder dieser Blüte, sieht ihre Schönheit und riecht ihren Duft. Sie findet Freude an dieser kleinen Blüte. Da bemerkt sie ein leises Wasserplätschern. Sie horcht auf und geht in die Richtung, aus der sie das Wasser bemerkte. Dort fließt ein kleiner Bach, an den sie sich setzt und beginnt, sich zu waschen. Dabei erscheint es ihr als würde sie alles Alte abwaschen. Den Staub, die schlechte Laune und die Angst, die Wüste und die Verzweiflung. Sie wird immer erfrischter und das perlende, in Regenbogenfarben glitzernde Wasser, tankt sie immer mehr auf mit frischer Energie. Wie sie so dasteht und völlig vergnügt mit dem Wasser spielt, spürt sie, dass sich von hinten ein Tier nähert. Sie merkt, dass es in guter Absicht kommt und fühlt, dass es ihr gut geht mit der Kraft dieses Tierwesens. Da sie sich nicht umdrehen und es erschrecken will, schließt sie einfach die Augen. So erahnt sie, welches Tier bei ihr ist und ganz nah hinter ihr steht. Ein wohlig warmes Gefühl überkommt sie und sie fühlt sich mit diesem Wesen sehr verbunden und sicher. Langsam dreht sie sich um und beginnt gemeinsam mit dem Tier den Rückweg. In der Ferne erblickt sie wieder das Tor, durch das sie kam. Ein gewundener Weg führt dort hin. Unsere Frau beginnt zu laufen, dicht neben ihr ihr Tierverbündeter. Gemeinsam laufen sie den langen Weg zurück. Sie tritt diesmal mutig mit ihrem Begleiter durch das Tor. Damit betritt sie wieder ihre alte Welt. Bevor sie aber wieder in ihr normales Leben eintaucht, bleibt sie still stehen und erspürt die Kraft des Tieres neben ihr. Was hat dieses Wesen ihr geschenkt? Sie sinnt nach: Welche Eigenschaften haben sie gestärkt? Wie will sie sein? Wie will sie durch ihr Leben gehen? Welche Energien will sie ausdrücken? Ahnungen und Antworten steigen in ihr auf. Sie spürt, was ihr gefehlt hat, als sie so unglücklich war – jetzt, wo sie es weiß, kann sie in die richtige Richtung gehen. Sie bedankt sich bei ihrem Tierverbündeten und fragt zum Abschied, ob sie ihrem neuen Freund auch etwas schenken könne. Dann empfängt sie leise in sich die Antwort. Es gibt etwas, was sie tun kann. Mit Dank im Herzen und der Gewissheit, dass sie ihren Tierverbündeten immer wieder besuchen kann, beginnt sie den Tanz der Kraft, die sie nun erhalten hat, gemeinsam mit dem Tier. Ist dieser beendet, verabschiedet sie sich von ihrem neuen Freund und geht ihres Weges.

Die Tanzreise in Stichpunkten

- Unzufriedenheit, Dunkelheit, Hoffnungslosigkeit
- Schuldzuweisungen, Wut, schließlich Besinnung auf sich selbst
- Sinnsuche – welche Richtung im Leben?
- Tor – Kampf zwischen Angst und Mut
- Wüste, unentrinnbar verloren, Wind kühlt und drückt dann nieder
- Blume, Freude an einfacher Schönheit, Altes im Bach abwaschen, neue Kraft tanken
- Tier nähert sich, eigenes Krafttier erspüren, wohlfühlen damit
- Lauf mit dem Tier zurück zum Tor, hindurchgehen
- Wieder ankommen, Rat und Kraft des Tieres erhalten, ihm etwas geben
- Tanz der Kraft mit dem Tier

Nachwort

Wenn wir tanzen, machen wir tiefe Erfahrungen. Themen, die nicht nur mit dem Kopf, sondern auch mit dem Körper bearbeitet werden, stoßen zu tieferen Schichten vor und verstärken die Intensität des Lernens und Heilens. Mit Tanz können wir Riesenschritte auf unserem Lebensweg tun. Dadurch, dass wir uns selbst, unseren Körper und unsere Gefühle besser kennen lernen, werden wir uns selbst bewusst. Diese neue Kraft können wir einsetzen, um unser Leben wirklich wertvoll zu gestalten. Um voller Vertrauen all die täglichen Wunder entgegen zu nehmen und selber eigene Wunder zu verschenken zum Wohle aller.
Normalerweise wird beim Tanzunterricht Technik eingeübt. Das ist eine wundervolle Sache, denn es schult den Körper. Andererseits verbindet sich dieses „Üben“ bei fast allen Menschen mit Leistungsdenken. Jede will besonders gut sein, es gut können. Dabei bleibt leider oft die Freude und die Hingabe an den Tanz auf der Strecke. Der reine Technikunterricht erlaubt es hauptsächlich gut gebauten, jungen und durchtrainierten Menschen, sich tänzerisch wirklich weiter zu entwickeln. Wo aber bleiben all die anderen, zu denen immerhin die Mehrheit der Bevölkerung gehört? Ich möchte all diese Menschen ermutigen, sich auf das Tanzen einzulassen, denn es heilt und bringt reichen Gewinn.
Wenn wir mit Freude lernen, lernen wir schneller und leichter. Wenn wir fertige Tänze einüben,

reproduzieren wir. Wenn Frauen nur vorgefertigte Bewegungen nachtanzen, geht es darum, dem Bild von der „richtigen, perfekten" Tänzerin möglichst zu entsprechen. Am Ende tanzen dann alle das Gleiche, jede natürlich ein wenig anders, aber möglichst ähnlich dem zu erreichenden, perfekten Bild. Bei den von mir entwickelten ganzheitlichen Tänzen geht es neben dem Beleben des Körpers darum, die persönliche Eigenart zu entdecken, mit ihr zu spielen, Ängste zu heilen und in Kontakt mit anderen Menschen zu treten. Dadurch wird das Gemeinschaftsgefühl, die Verbundenheit, das Vertrauen gestärkt, wodurch alte Wunden schneller und leichter heilen. Gemeinschaftliches Erleben bringt Freude, die tief geht und bunte Tupfer im alltäglichen Leben hinterlässt, was uns und dem ganzen Planeten gut tut.
Es wäre wundervoll, wenn immer mehr Frauen- und Männergruppen zu tanzen begännen und auch einzelne Menschen den Tanz für sich entdeckten als ein Mittel, den Traum vom erfüllten Leben endlich zu verwirklichen. Ich bin gerne bereit, dir und deiner Gruppe mit meinen Fähigkeiten und Erfahrungen zur Seite zu stehen, Kurse zu leiten und bin offen für Fragen und Anregungen.

ULRA
Ulrike Eichmann
Dalbergstraße 4
36088 Hünfeld
www.ulra.de

In jedem Ast,
in jedem Wassertropfen,
in jeder Wolke
ist unendliche Weisheit enthalten.
Diese Weisheit ist klein und groß zugleich.
Gelehrte füllen Bände damit.
Der Ast,
der Wassertropfen,
die Wolke
werden in uns lebendig
wenn wir sie tanzen
und beschenken uns
von innen her
mit ihrer Weisheit.

Bilderliste

Ausschnitte aus textilen Wandbildern der Autorin:

Bild 1 : (Titel) Meisterin des Tanzes ... 80x132 cm

Bild 2 : Auf dem Weg ... 84x120 cm

Bild 3 : Den Himmel auf die Erde bringen ... 84x104 cm

Bild 4: Reise in eine andere Wirklichkeit ... 82x130 cm

Bild 5: Im Strömen des Wassers ... 75x138 cm

Bild 6: Mit dem Schatten spielen ... 83x108 cm

Bild 7: Angst und Vertrauen ... 92x125 cm

Bild 8: Die Befreiung ... 88x104 cm

Bild 9: Grüner Sternenregen ... 74x108 cm

Bild 10: Tanz dich frei! ... 79x128 cm

Bild 11: Feuertanz ... 70x132 cm

Bild 12: Komm mit ins Märchenland ... 80x136 cm

Ausstellungstermine der textilen Werke auf Anfrage!

Literaturverzeichnis

Achterberg, Jeanne
RITUALE DER HEILUNG
die Kraft von Fantasiebildern im Gesundungsprozess
München 1996

Baldissa, Fabrizia, Michaels, Axel
DER INDISCHE TANZ
Körpersprache in Vollendung
Köln 1988

Benedikt, Heinrich E.
DIE KABBALA
Farbe, Zahl, Ton und Wort als Tore zu Seele und Geist
Freiburg 1985

Budapest, Zsuzsanna,
HERRIN DER DUNKELHEIT; KÖNIGIN DES LICHTS
das praktische Anleitungsbuch der neuen Hexen
Freiburg 1994
DAS MAGISCHE JAHR
Mythen, Mondaspekte, Rituale
München 1996

Buonaventura, Wendy
DIE SCHLANGE VOM NIL
Frauen und Tanz im Orient
Hamburg 1990

BAUCHTANZ
Die Schlange und die Sphinx
München 1993

Ettlinger
ALTERNATIV SPIELEN
Das andere Spiele- und Aktivitätenbuch
Ettlingen 1989

Francia, Luisa
MOND TANZ MAGIE
München 1992

Franklin, Eric
LOCKER SEIN MACHT STARK
Wie wir durch Willenskraft beweglich werden
München 1998

Fritsch,Ursula
TANZEN
Ausdruck und Gestaltung
Hamburg 1998

Ghazal, Eluan
DER HEILIGE TANZ
Orientalischer Tanz und sacrale Erotik
Berlin 1993

Halprin, Anna
TANZ, AUSDRUCK UND HEILUNG
Wege zur Gesundheit durch Bewegung
Essen 2000

Hay, Luise
DAS LEBEN LIEBEN
Heilende Gedanken für Körper und Seele
München 1995

Hegers, Ulrike
BAUCHTANZ
Frauen finden ihren Rhythmus
Düsseldorf 1996

Heim, Heidi
DIE FESTE DER ADLERFRAU
Kreativ feiern im Freundeskreis und in Gruppen
Düsseldorf 1994

Henderson, Julie
DIE ERWECKUNG DES INNEREN GELIEBTEN
Ein praktisches Arbeitsbuch der Energielenkung allein oder zu Zweit
Interlaken / Schweiz 1989

Hoffmann, Kay
DAS ARBEITSBUCH ZUR TRANCE
München 1996

Italiaander, Rolf
TANZ IN AFRIKA
Berlin 1960

Karkutli, Dietlinde
DAS BAUCHTANZ – BUCH
Hamburg 1992

Kampenhout, Daan van
HEILENDE RITUALE
Verbesserung der Lebensqualität
Freiburg 1996

Lander, Hilda-Maria, Zohner, Maria-Regina
MEDITATIVES TANZEN
Stuttgart 1990
BEWEGUNG UND TANZ, RHYTHMUS DES LEBENS
Handbuch für die Arbeit in Gruppen
Mainz 1991

Lörler, Marielu
DER ERLEUCHTETE ALL –TAG
Planegg, 1985

Mahler, Madeleine
KREATIVER TANZ
Bern 1987
TANZ ALS AUSDRUCK UND ERFAHRUNG,
Bern 1992

Muths, Christa
FARBTHERAPIE
München 1990
HEILEN MIT FARBEN, BILDERN UND SYMBOLEN
Das große Buch der Heilübungen
Berlin 1993

Natale, Frank
TRANCE DANCE, TANZ DES LEBENS
Geschichten, Rituale, Erfahrungen
Berlin 1993

Palucki, Ilona
BAUCHTANZ FÜR KÖRPER, GEIST UND SEELE
München 1997

Parry, Danaan
KRIEGER DES HERZENS
Eine Schule zur friedlichen Konfliktlösung
Freiburg 1992

Piontek, Maitreyi D.
DAS TAO DER WEIBLICHEN SEXUALITÄT
Ein Praxisbuch für Frauen
Bern 1998

Rahesha, Namua
DER KREIS UND DIE SCHLANGE
Schamanismus für Praktiker
Hamburg 1998

Rasch, Ega
HEILEN DURCH DIE CHAKRAS
Seelenblockaden auflösen und Energiefelder harmonisieren
Grafing 2001

Reichel, Gusti
KREATIV TANZEN
Bewegungs-Erfahrung und Ausdruckstanz
Ettlingen
BEWEGUNGSTHEATER
Darstellen und pantomimisch spielen
Ettlingen

Roth, Gabriele
DAS BEFREITE HERZ
Die Lehren einer Großstadt- Schamanin
München 1989

Said- Locke, Rosa
VON INNEN NACH AUSSEN
Orientalischer Tanz und Körpererfahrung
Witzenhausen 1989

Soltmann, Marie- Luise
IM KREIS UM DIE KOSMISCHE MITTE
Meditatives Tanzen
Freiburg 1989

Sun Bear & Wabun
DAS MEDIZINRAD
Eine Astrologie der Erde
München 1982

Sun- Walker, Helmut Christof
GAIA- SCHAMANISMUS
Medizinräder und Zeremonien
Melle 1998

Schiegel, Hans
COLOR- THERAPIE
Heilung durch Farbenkraft
Freiburg 1988

Tepperwein, Kurt
DIE GEISTIGEN GESETZE
Erkennen, verstehen, integrieren
München 1992

Uccusic, Paul
DER SCHAMANE IN UNS
Schamanismus als neue Selbsterfahrung, Hilfe und Heilung
Genf, 1993

Ulbrich, Björn
IM TANZ DER ELEMENTE
Kult und Ritus der naturreligiösen Gemeinschaften
Engerda 1995

Walker, Barbara
DIE SPIRITUELLEN RITUALE DER FRAUEN
Zeremonien und Meditationen für eine neue Wirklichkeit
München 2000

Weltzien, Diane von
RITUALE NEU ERSCHAFFEN
Elemente gelebter Spiritualität
Basel 1995

Woisen, Marie- Luise
TANZ IM ANGESICHT DER GÖTTER
München 1995

Zehnetbauer, Josef
KÖRPEREIGENE DROGEN
Die ungenutzten Fähigkeiten unseres Gehirns
Düsseldorf 1992